禅語に学ぶ

生き方。死に方。

向上編

人生を悔いのないものにする参考書

西村惠信 著

禅文化研究所

もくじ

Ⅰ 仏はいずくに

自分の外に頼るべきものはない …… 2
心は掴《つか》むことができない …… 4
おのれの頬《ほお》を抓《つね》って痛さを知れ …… 6
仏は、トイレのペーパーか …… 8
たとえ金の一片《ひとひら》でも、眼に入れば邪魔物なのだ …… 10
見えない仏に出遇う歓び …… 12
身の周りに、仏さまがいっぱい …… 14
仏など有ってよし、無くてもよし …… 16
耳ばかり大事にして、目を疎《おろそ》かにする愚《おろ》かさ …… 18
眼は横に、鼻は縦に付いている …… 20

Ⅱ 慈悲のひかり

高く買ったものを、安く売る人がある …… 24
思いやりが、却って人を傷つける …… 26
相手を知って対処せよ …… 28
ある老師の老婆心切 …… 30
同病、相い憐れむべし …… 32
自分勝手は他人の迷惑 …… 34
まあ、お茶をどうぞ …… 36
第三の眼《まなこ》を持って、世渡りをせよ …… 38
人間よ、恥を知れ …… 40
功名は、怪我のもと …… 42

Ⅲ 師と弟子と

答えは問いの中にある …… 46

金《きん》を売る人は、金を買った人なのだ……48
固定観念を捨てよ……50
師と弟子との共演……52
父と子の庇《かば》い合い……54
家の恥を外に晒《さら》すな……56
馬鹿でなければ、人は救えない……58
心を打ち明ける友あればこそ……60
活かすも殺すも、自由自在……62
後で気が付いても、もう遅い……64

Ⅳ　賢か愚か

一を聞いて三を知るような人間たれ……68
天に向かって魚を求める愚かさ……70
自分の尊さに気付かぬ愚かさ……72
絵に描いた餅で腹は膨《ふく》れない……74
隠れて善いことをせよ……76
悪いと知ってする苦しさ……78
賢者は少ない、愚者は多い……80
火は、風向きを知って吹くべし……82
一人の嘘が、世間を渡る……84
上手な金の使い方は、貧乏人のお得意……86

Ⅴ　毎日を楽しく

時は素早く過ぎていく……90
アッという間の人生……92
百年、三万六千日なり……94
毎日を楽しく……96
死んでからも、眼を剥《む》いている奴がある……98

人の悪口を言って、自分の口を穢《けが》すべからず …… 100
何度繰り返しても、そのたび新しい …… 102
嬉しいことが、二つも重なる話 …… 104
わが心は秋月に似たり …… 106
長命か短命か、それは仏まかせ …… 108

VI 自然に生かされて
髪一筋に、宇宙が宿っている …… 112
心は水に映る月の影 …… 114
雨だれの音を聴け …… 116
寒いときは寒さで、熱いときは熱さで凌ぐべし …… 118
晴れて好し　曇りても好し　不二の山 …… 120
山は山、水は水、ただそれだけ …… 122
竹には節あり、松は古今の緑 …… 124
美しい上にも美しい風景 …… 126
雲の行く如く、水の流れるように …… 128
天地一杯に生きる …… 130

VII 頼れるものはこの自分でしかない
ここに坐っている、この自分こそ …… 134
他人の弓、他人の馬で人生は渡れない …… 136
善悪の基準は自分にある …… 138
自由とは自分を見失わないこと …… 140
智慧の光明で自分自身を照らせ …… 142
自分の力を発揮せよ …… 144
出されたものだけを頂けばよい …… 146
理屈はない、実践あるのみ …… 148
困ったことが幸せを呼ぶ …… 150

古く錆びた錐《きり》となれ……152

VIII　わが家の真実

賊はわが家の中にあり……156
定型パターンの誡め……158
禅は生活そのものである……160
家が貧しくて、冷や飯もない……162
本当の貧乏とは何か……164
善《よ》し悪《あ》しは自分が決めるもの……166
無用なことをすべきではない……168
大切な物も、無用になれば捨ててしまえ……170
どんな家庭にも、幸せはいっぱい……172

IX　わが宝物とは何か

先祖の伝えなかったものこそ、わが家の宝……176
チャンスを逃がせば、千年の不覚……178
三日会わなかったら、別人と思え……180
欲望に酔ってはならない……182
味噌の味噌臭きは、上味噌にあらず……184
自分の中の光と闇……186
たとえ粗食でも、腹はふくれる……188
足ることを知るほどの贅沢はない……190
外から入ったものは、家宝ではない……192
主体的に行為すればよいのだ……194
わが死こそ真実なれ……196

あとがき……198

写真・西村惠学

I　仏はいずくに

自分の外に頼るべきものはない

―一棒に打てども頭《こうべ》を回《めぐ》らさず―（『無門関』第二十八則）

中国は唐時代の話です。徳山宣鑑《とくさんせんかん》（七八〇〜八六五）という青年僧が、世にも有名な龍潭崇信《りゅうたんそうしん》和尚（生没年不詳）を訪ねたとき、思わず夜になってしまった。辺りが暗いので提灯《ちょうちん》を借りようと手を出したとたん、龍潭和尚がその明かりを、ふっと吹き消してしまわれた。そのとたんに徳山は悟りを開いた、という話のなかにある言葉である。

龍潭和尚はその翌日、説法の場で修行者たちに言われた。「この中に怖ろしい奴がおる。この男は剣《つるぎ》のような歯と、血の迸《ほとばし》ったような口を持っておるぞ。後ろから棒で一撃を食らわしても、振り返るような男じゃないわい」と。

真っ暗闇のなかを歩くために提灯を借りたのに、それを吹き消されたのでは、もはや頼るものがない。そう、徳山は提灯の明かりに頼ろうとした自分の、間違いに気づいたのである。ああ、そうだ、何かに頼ろうとしていたのでは、この真っ暗闇の中は歩くことはできない。そうだ頼るものは自分しかないのだ、と気付いたのであろう。

もう頼るものは何にもなし。それでも夜の道を帰っていかなければならないとなると、頼れるものはこの自分しかない、と徳山青年は悟ったのであろう。

ただしそうなると、この「自分」というものが余程しっかりしていなければ、この世渡りのなかで、甘い言葉に乗って簡単に他人に騙されたり、そうでなくても、自分自身で深い穴に落ち込んだりしてしまう。そういうことを龍潭和尚は示されたのであろう。

明くる日、龍潭和尚は皆なに言われた。昨夜この道場にやってきた男は、自分しか頼りなるものはない、という確信を得たらしい。この男はもはや、誰が呼びかけても、後ろから棒で叩いても、決して振り向くようなことはないだろう、と。

己《おの》れこそ　己れの寄《よ》る辺《べ》　己れを措《お》きて　誰に寄るべぞ
よく整えし己れにこそ　まこと得難き　寄る辺をぞ得ん（『法句経』）

心は掴《つか》むことができない

―過去心《かこしん》不可得《ふかとく》、現在心《げんざいしん》不可得、未来心《みらいしん》不可得―（『金剛経』）

『金剛経《こんごうきょう》』の学者で、世間から周金剛《しゅうこんごう》と仰がれた若い日の徳山宣鑑《とくさんせんかん》（七八〇～八六五）が茶店で点心《てんじん》を乞うと、茶店の婆さんが、「お坊さん、背中に背負っているものは何ですか」と問うた。彼が、「『金剛経』の注釈本です」と答えると、「そのお経のなかに、〝過去心不可得、現在心不可得、未来心不可得〟と説いているでしょう。なのにお坊さんは今、どんな心に点じようとされるんですか」と問われて徳山は答えられず、遂に学者を止めて禅僧となったという話が、『碧巌録《へきがんろく》』第四則、本則評唱のところに見える。

中国では、簡単な食事を頂くことを「点心」と言うらしい。辞書によると、点心とは間食のことで、少しの食を心胸の間に点じることとあり、胃腸の中に腹一杯食べる食事ではなくて、心胸に点じるというのだから、気持ちが倦《う》んだときに食べるお菓子やお茶のようなものであろう。ともあれ「心に点じる」というのがなかなかに面白いではないか。

ところで『金剛経』には、ここの表題に掲げたように、「三世不可得《さんぜふかとく》」と言って、心というものは絶対に捉《とら》えることができないと説いてある。心などというものは、一瞬もジッとしていないのなら、そんな「心に点じる」とはどうすることかということである。

「点心」という食べ方は、お腹へ入れるものではなくて、心に点じるものということになるが、『金剛経』には、そもそも心などというものはどこにもない、と説いてあるのだから、さあ大変。お陰で字面ばかり追ってお経の勉強をしていた若き徳山さんは、いっぺんに眼が覚めて、お経の勉強を止めてしまって、心とは何であるかという大問題に向かって、自分の人生を捧げることになったというわけである。

現代では、心理療法とやらいう学問によって、心を癒やすようであるが、果たして人間の心というものが、そう簡単に捉えられるものなのであろうか。

おのれの頬《ほお》を抓《つね》って痛さを知れ

―廻光返照《えこうへんしょう》せよ―（『臨済録』示衆）

臨済義玄《りんざいぎげん》禅師（?～八六七）は弟子たちに言われた、「もし達磨がインドからやって来たことに意味があるというなら、お前は救われないぞ。意味があるかないかなどと言っているようでは、お前たちは救われない。そんなのはまるで、自分の頭に気づかず、自分の頭を探し回っているようなものだ。とにかく自分の光で自分自身を照らし返すことだ」と。

知られているように、禅宗の初祖と言えば達磨大師である。しかし達磨さんは、他の宗派の開祖たちのように、経典を伝えたり、特定の経典に基づいて一宗一派を開いたのではない。達磨は何も持たずにインドから中国へやって来て、禅を二祖慧可《えか》に伝えたのである。それじゃいったい、達磨は何を伝えたのか、というのが禅の修行者たちの素朴な疑問であった。

しかし臨済に言わせると、問題は達磨が何を伝えたかとか伝えなかったかなどということではないのだ。そんなところでモタモタしておらずに、自分自身が持っている素晴らしい光で、自分自身を照らしてみたらどうだ。達磨の伝えたものは、なんと初めから、この自分も持ち合わせていたじゃないか、というわけである。

臨済にそう言われてみても、自分で自分を照らすことは、そう簡単なことでは

ないであろう。なるほど言われてみれば人間には、自分を反省する素晴らしい能力が、神から与えられている。

　これがいわゆる反省能力というものであり、それあるが故に「自覚」ということがあるわけだ。つまり「我は我なり」という自我の自覚である。あのデカルトの「われ思う、故にわれあり」という近世的自我の自覚である。しかしそこでは、見る自分と見られる自分とがわかれていて、まるで鏡を見ているように、見える自分は偶像に過ぎないのだ。じっさい鏡のなかの自分は、眼も耳も反対にしか見えていない。まして後ろ姿などは見えないのだ。

　臨済の廻光返照はそんなことではない。「自分の光で自分を照らせ」というのである。光も自分、照らされているのも自分で、光と照らされているものが離れていない。

　自分で自分の頬を抓ってみれば、痛いのはまさにこの自分である。しかも抓っているのも自分なのだから、文句の言いようがない。達磨が伝えたものは、その「痛い！」という悲鳴ではなかったか。

仏は、トイレのペーパーか

―僧、雲門に問う、「如何《いか》なるか是《こ》れ仏」。雲門曰く、「乾屎橛《かんしけつ》」―（『無門関』第二十一則）

ある僧が雲門文偃《うんもんぶんえん》和尚（八六四〜九四九）に向かって、「仏とはいったいどういうものですか」と質問した。すると雲門和尚は、「乾いた糞《くそ》のかたまりじゃ」と答えられた」という禅門では有名な話。

「雲門の一字関《いちじかん》」と言って、雲門大師という人は、よく「関《かん》」とか、「普《ふ》」とか「露《ろ》」とか答えて、修行者たちを悩ませたのである。この一字のために修行者たちは、血の滲《にじ》むような修行をしなければならなかったのである。

ここでの答えはなんと、仏とは「乾いた糞のかたまり」だというのだから、誰が聞いても眉を顰《ひそ》めるようなひどい話である。人間はもとより、すべての迷える衆生を救ってくださる仏さまを、こともあろうに「うんちだ」というのだから、不謹慎きわまる話ではある。当の雲門は真っ先に地獄行きだろうが、これをうっかり聴いて「そうですか」などと頷《うなず》いた者もまた、やはり同罪であろう。

ところが事はそう簡単ではないらしい。実は仏などというものへの執着を絶ち切ってやろうとする雲門のお慈悲であったと言うこともできるが、そんならもっと上品な言い方もあろうというものである。

大慧《だいえ》宗杲《そうこう》（一〇八九〜一一六三）という禅僧は、「糞などというものは掴むことも味わうこともできないものだ。腹の中に激痛を覚えたときにだけわかるであろう」と言っている。そのように仏は頭で考えていてはわからない。ただ体験あるのみということであろう。

もう一つは雲門が仏を「乾屎橛」などと突拍子もないことをいうことで、修行者が求めている有り難そうな仏のイメージを粉砕したのではないか、という見方もできるであろう。

私たち人間は、どうしても有難いものを求めて歩く。そして自分のなかにこそ、その大事なものがあることを忘れている。そう、便秘になって便通がなくなったら、それこそ大変。神も仏もあるものかということになるのは、誰も経験することであろう。たとえ人糞であっても拝まないでおれようか。

たとえ金の一片《ひとひら》でも、眼に入れば邪魔物なのだ

──金屑《きんせつ》貴《たっと》しと雖《いえど》も、眼に落ちては翳《かげ》りとなる──（『碧巌録』第二十五則、評唱）

これは宋時代の禅僧、圜悟克勤《えんごこくごん》禅師（一〇六三～一一三五）が、次のような昔の話に対して与えた評唱《ひょうしょう》（コメント）である。昔、蓮華峰《れんげほう》に住んでいたある庵主《あんじゅ》が、弟子の前に柱杖《しゅじょう》（禅僧の持ち歩く杖）を持ち出し、「昔の禅僧たちは、この杖に頼って行脚しながら、なぜ途中でその杖を捨ててしまったのか」と問いかける。弟子たちが何のことか分からないでいると、庵主が代わって「それがわからなければお前らは、この杖を担《かつ》いで、とにかく一度険しい山に分け入って、もっと修行してくるがいい。そうすればなぜ杖を捨てたかわかるだろう」と言われたという話。

ちょっと聴いただけでは、何のことか分からない難しい話であるが、禅の修行者たちは、こういう問題に取り組まなければならないのである。

確かに杖というものは、行脚して歩く修行者にとって、なくてはならないものである。にも関わらず彼らは、その杖を途中で捨てたというのである。しかも庵主和尚は弟子たちに言う。「この話が分かるために、杖を担いで脇目も振らず、更に千峰万峰に分け入ったらどうだ」と。

さて、杖とは何のことかというと、まさに行脚修行の象徴である。そして杖を

捨てるということは、それまでの修行が終わって、それからは今までとは全く質の違う修行（向上の修）が始まることを意味しているのである。

修行してたとえ悟りを開いたとしても、「金屑貴しと雖も、眼に落ちては塵であり、耳に詰まった土である」ように、そんな悟りはかえって眼の中に入った塵や、耳に詰まった土《つち》塊《くれ》のようなもので、邪魔になるだけだ、と言うのである。

一所懸命働いて貯めた財産が、子孫にとって争いになるようなもので、そんなものは生きているうちに使い切っておいた方がよい、というようなことでもあろうか。

見えない仏に出遇う歓び

―魚《うお》行けば水濁《にご》り、鳥飛べば毛落つ―（『碧巌録』第二則、本則著語）

趙州従諗《じょうしゅうじゅうしん》（七七八～八九七）が門人たちに向かって、「至道無難《しどうぶなん》、唯嫌揀択《ゆいけんけんじゃく》、纔《わずか》に語言《ごごん》有れば是《こ》れ揀択《けんじゃく》、是れ明白」（究極の処はもともと少しも難しいものではない。それなのに、ああだこうだと言うのがいけないのだ）と言われた。この語はもともと、中国禅宗の第三祖と仰がれる僧璨鑑智《そうさんかんち》禅師（？～六〇六）が撰せられた『信心銘《しんじんめい》』という銘文の冒頭にある語である。趙州和尚はいきなりそれを持ち出されたのである。表題の語は例によって、それに対して圜悟が付けたコメントである。

至道とは文字通り、「究極の実在」ということである。そういう実在は決して得難いものではなくて「ありきたりのもの」なのだ。ただそれをみんなは難しく考え過ぎて、あれかこれかと探して回っている。それがいけないわけなのだ、という意味である。私は子供の頃、本堂のお説教でこんな歌を知った。内容は古くさい。

仏法は　障子の引き手　峰の松　火打ち袋に　鶯《うぐいす》の声

というのである。子供の私には、どうして障子の引き手が仏法なのだろうと、自分で訳が分からなかった記憶がある。仏様の教えがそんなに当たり前のことだったら、わざわざこんな本堂でねむけ眼《まなこ》をこすりながらお説教など聴くことないじゃないか、と子供心にいぶかしく思ったものだ。

ところが後年になって、難しい仏教学の勉強などするようになってから、昔聴いたそんな歌が懐かしく、そして仏教というものを、今更のごとく身近に感じることができるようになった。そうだ、とても自分には手の届かないと思っていた仏様の教えも、こんな凡俗にさえわかるように説かれてあったのだ、ということがわかったのである。

仏法などというものは、崇高なもので、大空高く飛んでいる鳥のように、凡人には見えもしないものであるが、幸いその毛がこの地上に落ちてきて、自分たちにもその所在は窺えるというのである。

深い川の底を泳いでいる魚は、岸辺にいるわれわれには到底見えもしない。しかし幸い魚が通った後から、濁った水が浮き上がってくるので、この辺りに魚がいるらしいぞ、という見当がつく。そうして漸くわれわれは、その辺りへ釣り糸を垂れたり、網を投げたりするのである。真実在はそのように、いつもわれわれの身近にあるという教えか。

身の周りに、仏さまがいっぱい

―渓声《けいせい》は便《すなわ》ち是《こ》れ広長舌《こうちょうぜつ》、山色《さんしき》豈《あ》に清浄身《しょうじょうしん》に非《あ》らざらんや―（『碧巌録』第三十七則、頌の評唱）

ある時、盤山宝積《ばんざんほうしゃく》和尚（生没年不詳）が、「三界無法、何処《いずれのところ》にか、心を求めん」と、言われた。三界とは「欲界、色界、無色界」という迷いの世界である。そのどこにも頼るものはない。そうなればどこにこの心を求むべきか、と言われたのである。

表題の語はそれに対して、圜悟が付けた、有名な蘇軾《そしょく》（蘇東坡《そとうば》、一〇三六～一一〇一）の詩である。谷川のせせらぎはお釈迦さまのお説教の声、山の景色はお釈迦さまの姿じゃないかという意味。

現代という訳のわからない時代に生まれてきて、ともかく時間に流されるように、何となく毎日をあくせくと生きている私た

ちは、いったいどこに本当のものを求めたらいいのかということは、心ある人なら誰にとっても大切な問題である。

実際問題として、われわれが生きているこの世界は、これから五十年、百年後どのようになっていくのか、予測する人は誰もいないであろう。ただ、どうにかなるだろうという予測だけで、あるいはそんな疑問もなく、毎日を過ごしている人も多いだろう。これではせっかく生まれてきた人生そのものが、余りにも荒唐無稽なものでしかない。みんなそう感じていることであろう。

だからといって、こういう時代に生きているわれわれは、いったいどのように毎日を生きていけばよいのか、という切実な問いかけさえ、もう誰もしていないようにも見える。しかしお互い、本当にそんな生き方で満足できるのだろうか。

そこで私たちにとっては、古人の言ったことをもう一度思い返してみることが、大きなヒントとなるのではないか。仏教を勉強してきた私など、しきりにそう思うのである。

例えば表題の詩を読み返してみると、そこにはわれわれが長いあいだ気づかなかった尊い教えがあったことを今更のごとく教えられるのではないか。

先日、招かれて久し振りに北海道に遊んだ。初夏の北海道はまさに新緑のシーズン。殊に登別あたりの山に入って行くと、白樺の林のなかに清らかな渓流のせせらぎが聞こえ、それこそ心洗われるような気がした。

山の景色を仰ぐと、人間には近寄ることのできない地獄谷の山肌から、熱い温泉の煙がもくもくと湧き上がり、久し振りに人間存在の小ささを思い知らされた次第である。人間なんてまるで小さな存在でしかないのだ、と言う感慨をふたたび新たにした。

仏など有ってよし、無くてもよし

―有仏《うぶつ》の処、住《とど》まることを得ざれ。住著《じゅうじゃく》すれば頭角《ずかく》生ず。無仏《むぶつ》の処、急に走過《そうか》せよ。走過せざれば草深きこと一丈―（『碧巌録』第九十五則、垂示）

ある僧が、趙州《じょうしゅう》従諗《じゅうしん》和尚（七七八～八九七）の道場を去ろうと挨拶に来ると趙州和尚は、「仏の居《お》る処になぞ留まったら、頭に角《つの》が生えるぞ。仏の居《い》ない処ならばさっさと行き過ぎないと、草一杯になるぞ」と誡《いまし》めたいう話。

更に趙州は、「仏がいるとかいないとかいうことを超越したような処に留まっていてもまた、株を守って兎を待つ（待ちぼうけ）ようなものだぞ」と加えている。そんな処があるのだろうかと戸惑った僧が、そんなことになるのなら、やはりこの道場に置いてくださいと言うと趙州に、「さっさと出て行け」と追い出されたという。

知られるごとく、趙州和尚ほど仏を否定した禅僧もないであろう。『趙州録』を繙《ひもと》くと、そんな話があちこちに出ている。

あるとき、趙州が門人たちに言われた、「仏の一字、吾れ聞くを喜ばず」と。ある人が、「老師は人のために働かれますか」と聞くと、「そんなことは仏にさせておけ」とシラケられた。また、「仏向上の人（仏よりも偉い人）は誰ですか」と聞くと、「牛を引いて田を耕している人じゃないか」と答えている。

このように仏を否定する趙州和尚の真意は、いったいどこにあるのか。実はこの趙州和尚さんときたら、死んで真っ先に地獄へ堕《お》ちることさえ望んでいたのである。

崔郎中《さいろうちゅう》という長官が、「大善知識の和尚さんでも、地獄に堕ちるんですか」と聞くと、「老僧、末上《まつじょう》、地獄に入る」（ワシは真っ先に地獄に堕ちるんだ）と言う。「立派な老師さまともあろう方がまた、どうしてですか」と聞き返すと、「もし地獄に堕ちなかったら、お前さんに出逢うことさえできんじゃないか」と答えたとある。

自己を深く追求することを目的とする禅僧にとって、仏などむしろ妨げになる、と言うのでもあろうか。そうかといって仏のいない世界を求めるのでもない。深く自己を追求していくと、自分などが救われる道理はないと、深く懺悔する気持ちにもなるであろう。そういう場合、たとえ禅僧といえども、仏の救いを必要とするのは当たり前であろう。そうなると、仏が在るとか無いとか言う議論そのものが、すでに無意味になる。こうして禅僧は、仏の有無を超えるのである。

耳ばかり大事にして、目を疎《おろそ》かにする愚《おろ》かさ

—耳を貴《たっと》び、目を賤《さげ》しむ—（『伝灯録』巻十四、薬山惟儼章）

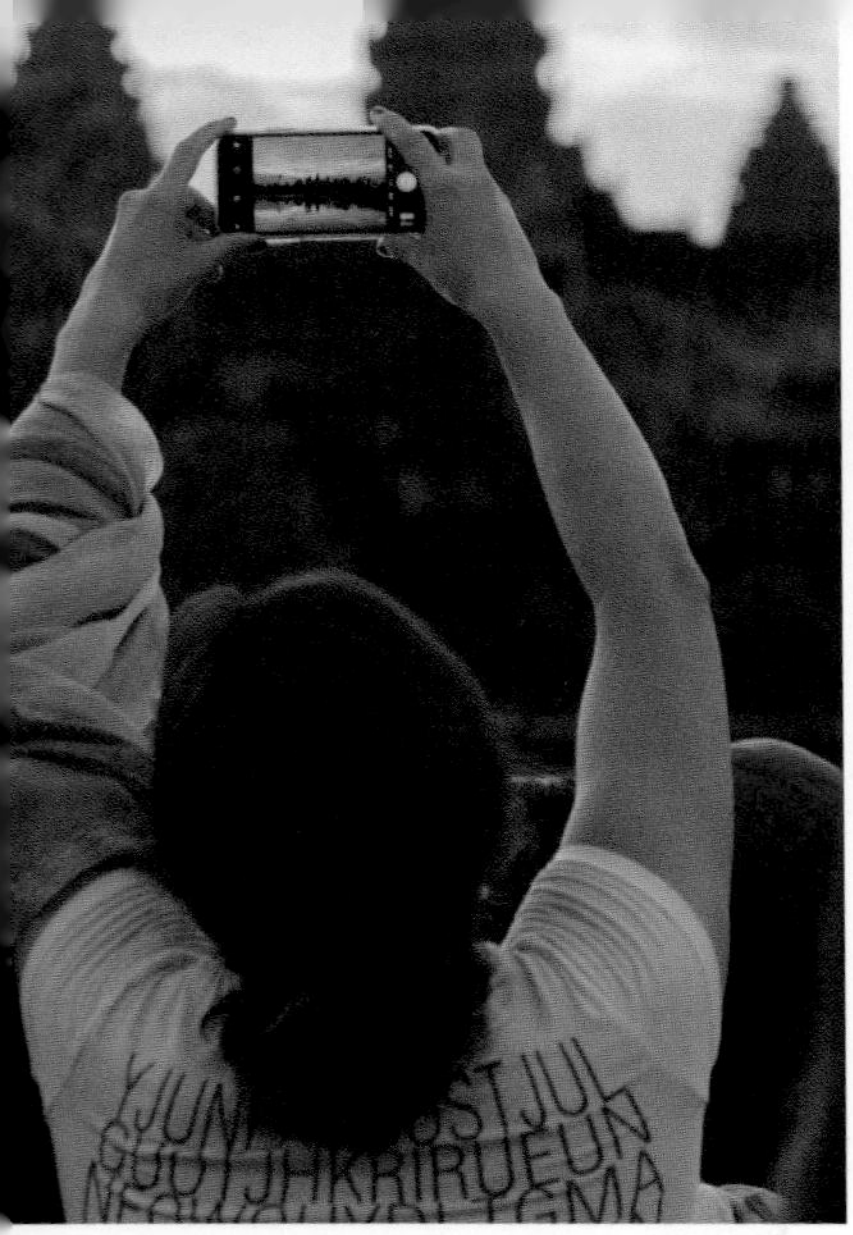

あの韓愈《かんゆ》の門人である李翺《りこう》という偉い役人が、薬山惟儼《やくさんいげん》和尚（七四五〜八二八）の噂を聞いて面会にやってきたが、和尚は見向きもしない。気の短い李翺は、「会ってみると噂ほどにもないですな」と言い放った。そこで和尚は「李翺よ」と呼びかけたところ、「はい」と答えた。それに対して和尚は冒頭のようにいい、貴殿は呼べば返事するくせに、他人の言う噂ばかりを信じて、自分の眼で見たものを軽んじるのかいと、その愚かさを歎《なげ》かれた語。

われわれが生きているこの現代という時代は、空前の情報化時代である。迷惑なのは、メディアを通して個人のプライバシーまでが侵害されるような時代の風潮である。また、情報ばかりに頼って、現実を自分で確かめようとしないメディア妄信の傾向であろう。

いや、それらの情報を一々この眼で確かめたいと思っても、情報は地球全体を覆い、自分の行動範囲などを遥かに絶したものであるから、確かめようもないわけだ。ただ

いくら情報過多の時代であっても、やはりこの自分の持っている、たった二つの眼を頼りに生きるほかはない。

情報に引っ張り回されることの一つに、台風接近の情報がある。仰ぎ見ると青空が広がっているのに、テレビやラジオは盛んに台風の状況を知らせてくるので、それだけで気分が重々しくなる。確かに台風が襲来してからでは遅いという面もある。早いうちに避難をすることも大事である。

そういう情報が乏しかった私たちの子供の時代には、この季節には二百十日《にひゃくとおか》（立春から数えて二百十日で台風が多い農家にとっての厄日）がやってくるというので、これはまたそれなりに対策が大変であった。今日のようなサッシが無かった時代には、雨戸を閉め切ったり、雨戸が飛ばないように棒で突っ張りをした。ただその頃の時代には、年寄りたちの貴重な経験が大いに役立ったのである。夏の初め頃になると、今年はトウモロコシの根が高く張っているから大風が吹くだとか、蛇が高い木の方に登っていくから大雨が降るだろうとか、全て、人間の眼で見てきた、貴重な経験が頼りであった。

今日では、そういう個人の経験に耳を貸さず、ただ客観的な情報を信じてこれに従って、右往左往することが多い。自分では見たこともないことでも、人があれこれ言うだけで信じてしまう。

ことに人物の交流が激しくなってきた今日、その人本人の顔も知らないままに、噂だけで簡単にレッテルを貼ってしまうのも、その人本人にとって、どれほど迷惑なことであろう。

眼は横に、鼻は縦に付いている

―只だ要す一切の人、眼横鼻直《がんのうびちょく》し去らんことを―（『白雲守端禅師広録』巻一）

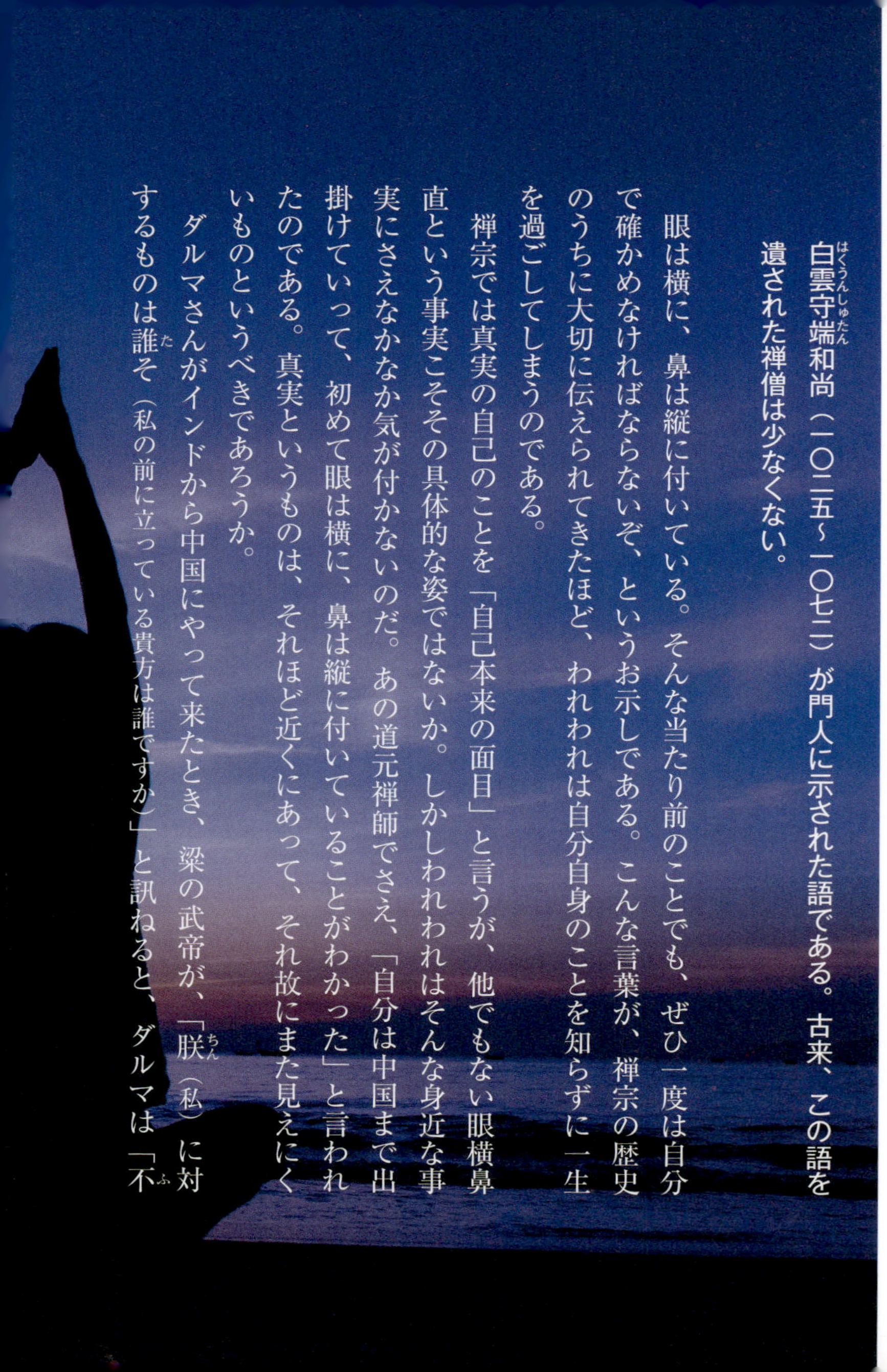

白雲守端《はくうんしゅたん》和尚（一〇二五～一〇七二）が門人に示された語である。古来、この語を遺された禅僧は少なくない。

眼は横に、鼻は縦に付いている。そんな当たり前のことでも、ぜひ一度は自分で確かめなければならないぞ、というお示しである。こんな言葉が、禅宗の歴史のうちに大切に伝えられてきたほど、われわれは自分自身のことを知らずに一生を過ごしてしまうのである。

禅宗では真実の自己のことを「自己本来の面目」と言うが、他でもない眼横鼻直という事実こそその具体的な姿ではないか。しかしわれわれはそんな身近な事実にさえなかなか気が付かないのだ。あの道元禅師でさえ、「自分は中国まで出掛けていって、初めて眼は横に、鼻は縦に付いていることがわかった」と言われたのである。真実というものは、それほど近くにあって、それ故にまた見えにくいものというべきであろうか。

ダルマさんがインドから中国にやって来たとき、梁の武帝が、「朕《ちん》（私）に対するものは誰《た》そ（私の前に立っている貴方は誰ですか）」と訊ねると、ダルマは「不《ふ》

識《しき》（知りません）」と答えたということが、『碧巌録』第一則に出ている。ダルマの画を見ると、上に「不識」という二字の賛がしてある。「自分に見えないものこそ俺だ」ということである。

私たちは誰でも、自分のことはよく知っていると思っている。人に向かって蕩々《とうとう》と自己紹介をしたりするが、それはただ自分が意識を通して知っているだけの客観的自己であって、「自分そのもの」を見ることはできないのだ。だからダルマが自分のことを「不識」と言ったのは正解なのである。

私たちは鏡を見て自分の顔を知っていると思っているが、飛んでもない錯覚なのである。そもそも鏡のなかの顔は、左右が反対に映っていて、決して実物そのものではない。それどころか、自分の背中にあるホクロ一つさえ、見た人は誰もいないのだから。それでいて、私は自分をよく知っているとは、よく言えたものだ。

自分を本当にわかろうとするためには、それを邪魔している自己意識を滅しなければならない。坐禅はそういう自己意識を絶滅して、本当の自己にお目に掛かる唯一の道なのである。

Ⅱ 慈悲のひかり

高く買ったものを、安く売る人がある

―此の香、多くは是れ貴買賤売《きばいせんばい》―（『虚堂録』巻三）

虚堂智愚《きどうちぐ》禅師（一一八五〜一二六九）が、報恩寺に住持となって入山する時に述べられた一語である。昔、趙州従諗《じょうしゅうじゅうしん》和尚（七七八〜八九七）は六十歳で再行脚に出て、八十歳まで苦労をされた。そして観音院に住んで四十年のあいだ禅の指導をされた話に寄せた虚堂和尚の語。このように禅の指導者となるものは、修行中に千辛万苦《せんしんまんく》の苦しみを味わっておきながら、後には惜しまず、自分の禅を人々に与えたことをいう。（無著道忠『虚堂録犂耕《きどうろくりこう》』参照）。

盤珪永琢《ばんけいようたく》禅師（一六二二〜一六九三）の語録を読むと、禅師は弟子に対して、次のように述べておられる。

譬《たとえ》ば、往来の旅人、高き山の峰を透《とお》り、水なき所にて水にかつゑし時、一人遙かなる谷へ水を尋ね行き、此彼《しひ》、骨を折りて尋ね求む。漸く水を得て帰り、衆人に与へ飲ましむるに、骨折なしに居ながら飲む人も、骨折の人同然にかわきやむにあらずや。

世間の人はややもすると、成功した人を見て、それは彼の天性の能力だと早合点して、その人の隠された苦労に気が付かないものだ。

　昔は、どこの小学校にも校庭の片隅に、薪《まき》を背負って歩きながら本を読む二宮金次郎の石像が建っていたものである。晩年、二宮尊徳先生と仰がれた金次郎は、幼少にして両親を失い、伯父の下で育てられたが、行灯《あんどん》の下で勉強していると家人から、油が勿体ないと叱られ、あのようにして、野良仕事をしながら読書した、と伝えられている。太平洋戦争で日本が敗れると、ほとんどの小学校から、あの尊徳先生の像が撤去されたのは、いったい何故だったのだろうか。

　先年、遷化《せんげ》（逝去を意味する禅語）された東福寺の管長、福島慶道老師は、私と同年であった。神戸で戦災にあって孤児となった福島少年は、戦中疎開したことのある岡山の宝福寺という禅寺の小僧になった。入門して間のない頃、本堂の裏の廊下で師の歩いてくるのと出逢った。本堂の戸に身を寄せていると、すれ違いざまに和尚にぶン殴られた。自分の身を安全な方へ寄せる馬鹿があるか、という理由であったという。貴い話ではないか。

思いやりが、却って人を傷つける

―小慈は大慈を妨《さまた》ぐ―（『宗門統要集』巻九、金峰従志章）

金峰従志《きんぼうじゅうし》和尚（五代の人、生没年不詳）は、「小慈は大慈の妨げ」と言われたという。いい加減な慈悲は与えない方がよい。そんなのは却って、大慈悲の妨げになるだけだ、という意味。

言うまでもないことだが、仏教は「智慧と慈悲」の二本立てを教える宗教である。慈悲としてのハタラキが発揮できないような悟りの智慧ならば、まるで意味なし、と説く。逆に、智慧から迸《ほとばし》り出たものでないような慈悲は、これもまた駄目であるというのが、大乗仏教と言われるものの、根本的な尊い教えである。

よく、病気や家庭の不幸で困っている人が、「いい加減な同情はして欲しくない。止めてください」と言われる場合がある。自分は幸福であるという気負いから、相手の不幸に同情してやろうという思い上がった根性が、声を掛けられた人には、ちゃんとわかるのであろう。

京都嵐山の天龍寺開山である夢窓国師（夢窓疎石《むそうそせき》、一二七五〜一三五一）が、時の将軍足利直義《あしかがただよし》（一三〇六〜一三五二）の問いに答えた記録に『夢中問答《むちゅうもんどう》』というのがある。そこには、夢窓国師が「慈悲に三種あり」と、次のように述べている。

慈悲には、一は衆生縁《しゅじょうえん》の慈悲、二は法《ほう》縁《えん》の慈悲、三は無縁《むえん》の大悲《だいひ》の三種がある。殊に大切なのは、第三の「無縁の大悲」である。

無縁の慈悲といふは、仏果《ぶっか》（悟りのこと）に至りて後、本有《ほんぬ》性徳《しょうとく》の慈悲あらわれて化度《けど》（済度のこと）の心を起こさざれども、自然《じねん》に衆生を度《ど》すること、月の衆水に影をうつすがごとし。

ほんとうの慈悲は、同情の心なぞ起こさなくても、自然に発揮されるものである。それはあたかも月が影《すがた》を映そうと思わなくても、水のあるところなら、どんな小さな水たまりにも自然に、その影が映るようなものだ、というのである。

相手を知って対処せよ

―路に剣客に逢わば、須らく剣を呈すべし、是れ詩人にあらざれば、詩を献ずること莫《な》かれ―（『臨済録』行録《あんろく》）

臨済義玄《りんざいぎげん》（?～八六七）が、鳳林寺を訪ねると和尚から、「刀を振りかざす必要はない。唯、自分の禅心を示すに足る一句を示して見よ」と言われて答えた語。「路上で剣客に出逢ったら、剣を抜くのは当然。相手が詩人でもないのに、詩を見せるようなことはいたしません」と言って、鳳林和尚を黙らせてしまったという話。

臨済は相手の質問に対して、「和尚さん、それは少しお間違いじゃないですか」と答えたのである。誰かに対して自分はこういう人間だ、と示そうとする場合、その相手をよく見て、その相手にわかるような示し方をしなければならない。臨済から見れば鳳林和尚はその点を弁《わきま》えず、いきなり臨済に向かって詩を求めてきたのである。

これがいわゆるお門違いということであろう。われわれの世界に於いても、相手がどういう人であるかをよく知らずに、いきなり話しかけてくる人がある。人には得手、不得手というものがあるのだから、それをよく承知して掛からなければ、かえって相手に対して失礼なことになるのではないか。人《にん》を見て法を説けと言われるゆえんである。

学者のなかには勉強一筋で、話の下手な人がいる。私の勤めていた大学にも、やはりそういう人がいた。みんなが面白がって、あるとき彼に教員組合の委員長を当てた。さすがに組合にとって、何のメリットもなかったばかりか、本人は何もできない自分に気付いて、ノイローゼになったという、笑えない話もある。

学者にはよく、専門馬鹿というのがいる。専門のことには詳しいから、そういう人には専門の話を聴くのがよい。しかし、世間のこととなると、驚くべき非常識を発揮するから、世間的な話は避けた方がよい。

私が大学院生の頃、国際的にたいへん有名なある教授が、ひとり研究室で革靴の荷造りをしておられた。なにごとやらんと尋ねてみると、先生は「昔この靴を買ったドイツの店へ修繕に出す積もりだ」と言われた。お返しする言葉がなかったことを思い出す。

ある老師の老婆心切

―五更《ごこう》早きを侵《おか》して起きしに、更に夜行《やこう》の人有り―（『伝灯録』巻八、古寺章）

古寺《こじ》和尚（生没年不詳）が丹霞天然《たんかてんねん》和尚（七三九～八二四）に参じたとき、朝の食事に付くと、行者《あんじゃ》は一椀の粥を古寺和尚に盛り、一腕の粥を自分のために盛って食べたが、丹霞老師のことは無視した。すると丹霞老師は、自分で粥を盛って食べられた。その時行者が口にしたのが表題の語である。

朝早く起きてするのが修行であるのに、なんと禁を犯して夜行している者がいるではないか、という意味である。夜行は僧堂の塀を越えて、こっそりと遊びに行くことである。これはいったいどういうことか。老師に対する当てつけとしたのでは、余りに俗っぽいであろう。

夜行は今でも、僧堂に於ける公然の秘密である。苦しい修行生活に耐えて一日を過ごす雲水たちの、秘かな慰めとして、皆な見て見ぬ振りをするのである。私のお世話になった僧堂には、夜行道というのさえあった。塀を乗り越えるための大きな石までおいてあった。

先輩から聞いた話であるが、先代の老師は、その石の傍に夜遅くまで坐禅をしておられた。雲水がこっそり石を跨ぐのを見て、「どこへ行くのか」と詰問された。

「ハイ、橋下へ参ります」と言うと、「気を付けて、早う帰れ」と言われたという。橋下とは五条大橋の傍の赤線である。若い日に苦労された老師には、若者の気持ちがよくわかっていたのであろう。

博多の仙厓《せんがい》義梵《ぎぼん》和尚（一七五〇～一八三七）の名は誰でも知っている。この仙厓和尚にも逸話がある。仙厓さんは弟子が夜行に出て行ったとわかると、夜行道へ出掛けていって、塀の下に設置してある秘密の岩を押しのけ、その場所へどっかと坐禅して、弟子の帰りを待った。

そうとは知らず夜陰に乗じて塀から飛び降りた弟子は、そのまま僧堂にかえって寝たが、明くる朝五時になっても、仙厓老師は頭の怪我で朝の勤行に本堂へ出て来られないとのこと。そこでくだんの雲水、昨夜の柔らかかった岩は、仙厓老師の頭であったことを思いあたり、秘かに深く懺悔して、その後は修行に励んだという。なんという仙厓和尚の暖かい思いやりであろうか。禅はこのようにして伝えられてきたのである。

同病、相い憐れむべし

―曾《かつ》て客と作《な》ることに慣れて、方《はじ》めて客を憐《あわ》れむ―（『碧巌録』第四十一則、本則著語）

趙州従諗《じょうしゅうじゅうしん》禅師（七七八～八九七）が投子大同《とうすだいどう》（八一九～九一四）に向かって、「死にきった人が生き返ったときはどうだ」と問うた。この問いに対して圜悟《えんご》が例によって付けたコメントである。わかるものにはわかる話だぞ、とでもいう意味か。

表題の語は、旅をした者にして、初めて旅人の気持ちというものがわかるのだ、という意味である。まさしくその通り、自分で苦労した者でないと、他人の苦しみなどわかるものではないであろう。

ところで主題は旅人の心というものは、旅をしたものでないとわかるまい、ということであるが、中国の禅僧は名僧を訊ねて、南詢東請《なんじゅんとうせい》の旅を続けることが常識であった。これを遊方行脚《ゆほうあんぎゃ》という。

今の日本の禅宗のように、同じ師の下に留まって、五年、十年と修行するのではなかった。つまり、修行者の方が行脚眼《あんぎゃがん》をもって善知識を求めて歩くので、自分はどの禅僧を本当の師としたかについては、後になってから世間に向かってみずからが宣言するのである。

また、旅は人の情に触れることのできる、まことに貴重な機会であろう。旅をしたことのない人にはわからないかも知れない。ことに言葉の通じない異国への旅においては、孤独が身に染みる。それをよく知っていて癒《いや》してくれるような親切な人は、旅の経験者であるに違いない。

先日、私は札幌で、そういう人情に触れた。行く先がわからないでいると、三十代の男性が声を掛けてくれた。そして自分の紅い自転車を引きながら、目的地まで一キロ近く一緒に歩いてくれた。聞いて見ると彼は、その自転車で全国を旅している、ということであった。私は京都で買ってきた友人への土産を、お礼として彼に差し上げた。

自分勝手は他人の迷惑

—竿頭《かんとう》の絲線《しせん》君が弄《ろう》するに従す。清波《せいは》を犯さざるの意、自ずから殊《こと》なる—（『碧巌録』第七十四則、本則著語）

金牛和尚《きんぎゅう》（生没年不詳）は馬祖道一《ばそどういつ》禅師（七〇九～七八八）の道場で、二十年の間、昼飯の時間になると、食堂の前でお櫃《ひつ》を抱え、大笑いしながら踊り、「さあ、みんな早く飯を食いに来い」と叫んだという話に、圜悟《えんご》が付けたコメント。

中国は唐の時代によく知れわたった話であったらしいが、いったい金牛和尚は何のデモンストレーションをやったのであろうか。なかなか難しい問題である。それも二十年ものあいだ、毎日毎日、金牛和尚は昼時になるとこれを続けたというのだから、金牛和尚からすれば、こんなシンプルな行為の繰り返しにも余程の意味があった筈である。

しかし、同じ道場で黙々と修行を続けている雲水たちにとっては、このマンネリ化したとも思える行為の繰り返しには、ほとほと迷惑したことであろう。つまり本人からすれば、きわめて重大な事柄のアピールであったに違いないこの行為が、その深い意味を見抜けない周りの修行者にとって意味があったか無かったか、議論が真っ二つに分かれる処であろう。

雪竇重顕《せっちょうじゅうけん》（九八〇～一〇五二）の『碧巌録』にコメントを付けた圜悟克勤《えんごこくごん》は、

もちろんこの話を重要な話頭《わとう》（禅の問題）のひとつとして褒め称えていることは間違いない。それが表題の禅語である。その意味は言うまでもない。

魚を釣ろうとして竿の糸を垂れていることは、その人の勝手である。しかし、それが傍で魚を釣っている人にとって迷惑になることだけは、別問題なのだ、という意味である。

同じ事はよくある話であろう。私の寺は滋賀の琵琶湖に近い田園地帯の古い農村にある。ここでは今も徳川時代いらい連綿と続けられてきた、春秋二回の伝統的な村祭りが催される。氏神様のお祭りは、氏子である村人にとって、大切で待ち遠しい村の行事である。それはそれで子孫に伝えなければならない大切な行事である。

ところがこの五十年のあいだに周りの田園は、昼間、京や大阪で働く人たちのベッドタウンへと大きく様変わりしたのである。そしてこの深夜に及ぶ祭りの鐘や太鼓の音は、これらの人々にとって、迷惑以外の何物でもないと苦情しきりである。さて、村の行事と開拓者の睡眠と、どちらが大切かと言えば、どちらも同じく大切である。ただ、それだけのことである。

まあ、お茶をどうぞ

—且坐喫茶《しゃざきっさ》— （『伝灯録』巻十九、潮山延宗章）

資福如宝《しふくにょほう》（生没年不詳）が潮山延宗《ちょうざんえんしゅう》和尚（生没年不詳）を訪ねていって、「和尚さんはこの山に住まわれて、もう何年になりますか」と問うた。すると和尚が、「まあ、鈍な鳥が水辺の蘆に棲んでおるようなものじゃ。いや、行くところのない魚かも知れんなぁ」と言われた。資福が、「そういうお方こそ、真の道人というべきですね」と言うと、「まあ、とにかくお茶でも一杯どうかな」と言われた、という話。

よく禅寺の書院辺りに、「喫茶去《きっさこ》」と書いた、偉い禅僧の書が掛かっている。知らない人は、禅寺はすぐにお茶を出してくれるから有り難い、と喜んで

いるが、「喫茶去」と、表題の「且坐喫茶」とは、内容がまったく逆だから、早合点してはいけない。

私自身も長いあいだ、「喫茶去」の意味を知らなかったが、中国俗語の研究者であった入矢義高先生（一九一〇～一九九八）から、その間違いを鋭く訂正されて一驚した次第である。知らない方が良かったようなな話であったわけだ。

中国俗語では、喫茶去の「去《こ》」は、強い命令形の助詞であるという。つまり、「寝ぼけたことを言っておらず、お茶でも飲んで眼を覚まして来い」という、師の弟子に対する怖ろしい一喝なのである。そこへ行くと、この「且坐喫茶」は、「コーヒーでも入れましょうか」という、優しさの込められた言葉である。

しかし、これがまた却って怖ろしい語であるというから、もちろん油断はできない。「せっかく自分のような耄碌爺《もうろくじい》を訪ねて、この奥深き山に登ってきながら、今さらわかりきったことを言うんじゃない」と、和尚からの軽やかなシャットアウトなのだ。

禅語に「笑中に刃《やいば》あり」というのがある。うっかり相手の笑顔に騙され、お調子に乗っていると酷い目に遭うぞ、という訓戒である。「嗔拳《しんけん》、笑面《しょうめん》を打たず」（『祖堂集』巻十二、禾山章）という禅語も、ちゃんとある。

一般社会のなかでも、ニコニコしている老人には、過去に苦節を嘗め尽くしてきた苦労人が多く、笑顔のなかには、辛かった過去の経験が一杯詰まっているので、馬鹿にしていると、大恥を掻かされることになる。

逆に、年中、苦虫を噛みつぶしたような人がいるが、こちらむしろ中身は無内容であることが多いから、そんなに怖がることはないであろう。

第三の眼《まなこ》を持って、世渡りをせよ

―若し也《ま》た世諦《せたい》に流布《るふ》せば、一隻眼《いっせきげん》を具《ぐ》し、以《もっ》て、十方を坐断《ざだん》し、壁《へき》立　千切《りゅうせんじん》なるべし―（『碧巌録』第八則、垂示）

「一隻眼《いっせきげん》」は悟りの眼ということである。われわれは、右と左の両眼をもって物を見ている。二つの景色が焦点を結んで一つの景色となって見える。しかし、よく考えてみると、一つに見える景色の内容は二つの景色の複合物であるから、その内容は真実ではなくて、相対的であるに過ぎないとも言えよう。

あるとき私の教室にいた全盲の学生が、「今日、学校が終わったら円山公園へしだれ桜を観に行ってきます。早く行かないと散ってしまいますから」と言ったので、こちらが眼の開く思いがした。眼の見えない人には、何も見えていない、などと憶測したら、とんでもない眼明きの傲慢であろう。それどころの話

じゃない。彼こそかえって本当の桜を観るのではないか。

昔、塙《はなわ》保《ほ》己《き》一《いち》先生（一七四六〜一八二一）がある家から帰りざま、家人に「提灯《ちょうちん》を貸してくださらんか」と言うと、家人が、「先生は、眼がご不自由なのに、提灯がお要りようですか」と言った。すると、塙先生が、「私は要らんが、提灯を持っておらんと、眼明きどもが突き当たってくるんじゃ」と言われたというのを読んで、どっちが不自由なのか、わからなくなったものだ。

ところで禅僧のいう「一隻眼」とは、どういうものであろうか。時々、仏像を見ると、両眼のあいだの眉間の処に、もう一つ縦に眼を付けておられるのがある。南方仏教の寺院などでは、本堂の正面に一つの大きな眼が安置されてあると、今は亡き藤吉《ふじよし》慈海《じかい》先生（一九一五〜一九九三）からお聞きしたことがある。

この眼はどうやら「悟りの眼」というもので、凡人にはあり得ない、いわば第三の眼である。これを「一隻眼《いっせきげん》」というのである。片手の声を「隻手《せきしゅ》の音声《おんじょう》」というのと同じく、一隻眼は一つの眼であって、凡人の持つ二つの眼とは質の違う、「悟りの眼」である。

「世間に出たら、ひとつこの一隻眼で、世間の奴らをやっつけ、誰も寄りつけないようにしてやらねば」、とでもいうようなことであろうか。

人間よ、恥を知れ

―巣《そう》は風を知り、穴《けつ》は雨を知る―　（『雪竇語録』巻二）

『碧巌録』の編者である雪竇重顕《せっちょうじゅうけん》（九八〇～一〇五二）による上堂説法の語である。別に、「巣居知風《そうきょちふう》、穴処知雨《けつしょちう》」と、やや詳しい句も見える。

大風が吹くことを察知する鳥たちは、樹木の上にそれを予知した巣を作り、大地に棲む獣たちは、大雨を予期して穴を掘るという。この禅語はちょうどそのように、常に状況を察知して生きる禅僧のハタラキを示したものであるが、雪竇は続いて、「より鋭い力を持った鋭利の禅者ならば、そんなことで感心したりはしないぞ」と加えている。

大学を退いて暇を得た私は、この歳になってようやく、静かに動物たちの見せる神業のような働きに見とれること一再ならずである。

今年は六月になると、三年振りにわが寺の玄関にツバメが帰ってきた。私は暇に任せて玄関の上がり框《かまち》に腰掛け、ゆっくりと彼らの巣作りや子育ての様子を眺める暇に恵まれた。

そもそも番《つが》いとなった二羽のツバメは、どこでどのように巣作りの固い契《ちぎ》りを結ぶのだろうかと、そんな初歩的なことさえ、今さらのごとく不思議に思われる。

二羽の夫婦は入れ替わり立ち替わり、嘴《くちばし》に土を咥《くわ》えて、朝から晩まで休みなく

働く。そのうちいつしか、メスが巣の中に籠もって卵を抱いているらしい。十日ほどしてのある朝、白い卵が半分落ちている。私が子供の頃から、雛が孵化すると、それをわれわれ人間に知らせるために、こうして一箇の半分だけを落とすのである。

雛が成長して巣が窮屈になると、一羽は巣の縁にぶら下がって眠る。他の一羽は巣とは別のところで眠る。雛が飛び立とうとすると、親は巣の前で、羽を広げて飛び方を示して見せる。だから「習《なら》」うという漢字は、羽と白から成っているのだと教えられた。宜《むべ》なるかなである。

初夏を迎えると、書斎の窓の網戸に蔓《つる》が這い上がってくる。毎日の成長ぶりを眺めていると、まるで生き物のように、風に吹かれながら網戸につかまり蔓を伸ばしてゆく。見ているうちに、人間が恥ずかしくなってきた。

功名は、怪我のもと

―便宜《べんぎ》を得るは、是《こ》れ便宜に落つ―（『碧巌録』第六十六則、頌）

禅の問答への批評を述べた難しい語であるが、この一句が面白いので、敢えて採り上げておこう。昔、仏教が弾圧されたとき、渡し守に身をやつしていた巌頭全《がんとうぜん》奯《かつ》和尚（八二八〜八八七）が、賊に首を切られて死んだという有名な話がある。その巌頭和尚の生前、一人の修行僧がやって来て問答一段、巌頭和尚が呵々大笑《かかたいしょう》された。その後、僧が雪峰義存《せっぽうぎそん》和尚（八二二〜九〇八）に参じて、同じ問いを掛けると、こんどは雪峰から三十棒を喰らって叩き出されたという話である。ここに採り上げた語は、この話頭《わとう》に対して付けた、圜悟禅師の頌《うた》の結句である。

「便宜《べんぎ》」という語を辞書で見ると、「しっかりした考えや一定の主義もない、その場その場の都合しだいのやり方」とある。つまりよくあるご都合主義、ということらしい。そういう生き方をしていると、自分もやがてその手に乗って酷い目にあうぞ、ということであろう。

「便宜を得るものは便宜に落つ」という語は、古くから中国で言われていたことで、うまくしてやったものは、その味に脚を取られて、こんどは自分がひどい目に遭うということらしい。人を口車に乗せて、うまく騙したと思っていると、こんどは同じ手口で騙されるのが必定だということである。

『礼記《らいき》』に、「言悖《げんもと》りて出《い》ずる者は、また悖《もと》りて入る」という箴言《しんげん》が見える。人に向かって理不尽なことを言う人はよくあるものだが、そういう人間はやがてみんなから、同様の仕返しを受けること必定ということであろう。いわゆる自業自《じごうじ》得《とく》というものである。

酒飲みにとって、酒にありつくということは有り難いことだ。しかし「一杯は人、酒を飲み、二杯は酒、酒を飲み、三杯は酒、人を飲む」ということになって物笑いの種になる。私のように酒の好きな輩にとって、酒ほど身心の癒やしになるものはない。しかしその酒も度が過ぎると、他人に迷惑になり、大いに顰蹙を買って、やがてわが身を滅ぼす結果になるのだから、気を付けなければならない。

「身から出た錆《さび》」などということもある。どんな惨めなことが起こっても、元を糺《ただ》せば、理由は他ならぬこの自分自身にあった、ということはよくあることだ。

Ⅲ　師と弟子と

答えは問いの中にある

―問は答処《とうじょ》に在り、答は問端《もんたん》に在り―（『碧巌録』第八十二則、本則評唱）

ある僧が、大龍《だいりゅう》智洪《ちこう》和尚（生没年不詳）に向かって、「この肉体はいずれ滅びてしまいます。どういうものが堅固な法身でしょうか」と問うと、大龍和尚は、「山の花が錦のように開き、谷の水は藍《あい》のように湛《たた》えている」と答えたという話に対して、圜悟《えんご》が付したコメントである。

仏陀は『遺教経《ゆいきょうぎょう》』などに於いて、「一切のものはすべて滅びてしまうという様相を見せている」と説かれている。反対にまた『華厳経』には、「法身というものは堅固で壊れない。法身はこの自然世界のあらゆる存在に充満している」と説かれている。そのことを大龍和尚が詩を以て示されたのが、次の有名な禅語、

山花《さんか》開いて錦に似たり　澗水《かんすい》湛《たた》えて藍《あい》の如し

である。仏教ではこの世界を「色界《しきかい》」と言い、このからだを「色身《しきしん》」と呼んでいる。そして『般若心経』に「色即是空」とあるように、われわれが見ているこの自然世界やその中にある存在は、すべて「空《くう》」である。ただ「縁」によってひととき存在しているだけだと説かれている。道歌に、

引き寄せて　結べば草の庵にて　解くればもとの　野原なりけり

とあるように、眼に見える「色身《しきしん》」と、眼に見えない「堅固法身《けんごほっしん》」とは、実は同じ一つのものなのである。

それと気が付かずに、大龍和尚に質問した僧の問いには、既に答えが入っているじゃないか、と圜悟は揶揄《やゆ》しているのである。

金《きん》を売る人は、金を買った人なのだ

―売金は須《すべか》らく是れ買金の人なるべし―（『続灯録』巻十六、定慧円義章）

ある人が定慧院円義遵《えんぎじゅんしき》式和尚（生没年不詳）に向かって、「南泉《なんせん》和尚が猫の首を切られたのはどうしてなのですか」と問うた。その時、問答二、三段して最後に定慧和尚が発せられた語である。

禅宗には、「南泉斬猫《なんせんざんみょう》」という、怖ろしい話が伝わっている。ある時、南泉普願《なんせんふがん》和尚（七四八～八三四）の道場で、雲水たちが一匹の猫を巡って口論していた。これを見た南泉和尚が、その猫をつまみ上げ、「さあ、この猫について、誰か気の利いた一句を言ってみろ。言えなかったら、ワシはこの猫を切り捨ててしまうぞ」と言われた。みんなが何も言えないのを見ると、南泉和尚は猫の首を一刀両断してしまったという話である。

これはいったい、何を意味しているので

あろうか。答えはその筋の偉い人に聴くがよかろう。

ただ素人から見れば、異類《いるい》（畜生）を大事にされた人として知られるあの南泉が、どうしてまたそんな残酷なことをされたのだろうかと、訝《いぶか》しく思うのが人情であろう。

南泉和尚は、潙山霊祐《いさんれいゆう》（七七一～八五三）や趙州従諗《じょうしゅうじゅうしん》（七七八～八九七）らとともに、「異類中行《いるいちゅうぎょう》（畜生となって生きようと願うこと）」を実践された稀有な禅僧であった。「死んだら真っ先に地獄に堕ちたい」と願った人たちである。

ところで定慧和尚から言わせるとこの話、自らが苦労した人間でなければ、説くことなどできない。逆に、苦労していない者にとってはこの話、まるで猫に小判だというわけであろう。

そもそも金を買うということは、誰にとっても決して容易なことではない。禅僧にとって黄金の宝とは、言うまでもなく坐禅修行に勤しんで苦労した結果得た、黄金のような悟りであろう。そういう黄金の宝物を持っている禅僧は、その宝物を買ってくれる人を捜している。にもかかわらず、これを買ってくれる弟子はいなかったという、残念物語でもあったか。

世の中には、「売り物、安物」とか、「安物買いの銭失い」とかいう諺がある。買うなら高い物にこそ手を出すべきである。安い品物は、苦労して得たものではないから、素人は手を出してしまうが、商品には値打ちがない。それをまた売りに出しても、誰も買ってくれない道理であろう。

南泉は猫を引っさげて、自分の得た黄金のような悟りの心を売ろうとしたが、残念ながら、門人の誰も、それに手を出して買おうとする者はいなかった。そこで南泉和尚は、お前たちはこの売り物が見えぬのか、とせっかくの宝物を切り捨てて見せたのであろう。

固定観念を捨てよ

―胡人《こじん》、乳を飲む―（『虚堂録』巻八）

ある国王が病気になったとき侍医から、乳薬を飲んではいけないと言われ、そのお蔭で回復した。別のときまた病に罹ると、こんどは同じ医者が乳薬を飲めと言う。それを聴いて国王は憤慨した、という話が『涅槃経』二に出ている。虚堂智愚《きどうちぐ》和尚（一一八五～一二六九）はこの話を引き合いに出して、頑《かたく》なな心を諭されたのである。

ある僧が虚堂和尚に向かって、「和尚様はどうして一人の答えを認めたり、一人の答えは認めなかったりされるのですか」と問うと、虚堂和尚は、表題の語で答えたのである。

つまりここでは和尚が、ただ一つの正解を探そうとしている弟子の視野の狭さを誡めたのである。私を育ててくれた南明和尚が常づね、「人《にん》を見て法を説け」と言われていたのを思い出す。お釈迦さん式に言うと、「対機説法《たいきせっぽう》」ということになるであろう。

「機《き》」というのは機根《きこん》と言って、悟りを開くことのできる能力のことである。仏法はそれぞれの人の能力に応じて説かねばならない。そこへ行くと私のような人間は、「下根劣機《げこんれっき》」と言うべきであって、どのように指導してもらっても救われないのだから、何をか言わんやである。この「侍医」は、まさに臨機応変の医師であったらしいのに、残念ながらそれが一定販売の好きな国王には通ぜず、憤慨するのが関の山であったようだ。

　そう言えば、私たちが仏像を拝むとき、よく見ると仏像によって、衆生を救わんとする手の様子や、指を折って作られている「印相《いんそう》」が、上品《じょうぼん》上生《じょうしょう》から下品下生《げぼんげしょう》までさまざまであって、衆生の救済が決して一定販売のものでないことに気付くであろう。

　小学校や中学校の先生を見ても、皆なから挙《こぞ》って尊敬されている先生と、皆なから総スカンを食っている先生とが、はっきり分かれている。どこが違うのかと言うと、自分の言いたいことだけ言って、子供の理解度にはまったく関心のない先生と、あくまで生徒ひとりひとりの能力に応じて、放課後になってまでも教えてくれる先生との、はっきりした違いである。

　私は小学校から大学まで、本当によい先生に恵まれたと思う。そのお陰で自分が教師になってからも、学生一人ひとりの理解を大事にすることができたのは、有り難いことだったと思っている。

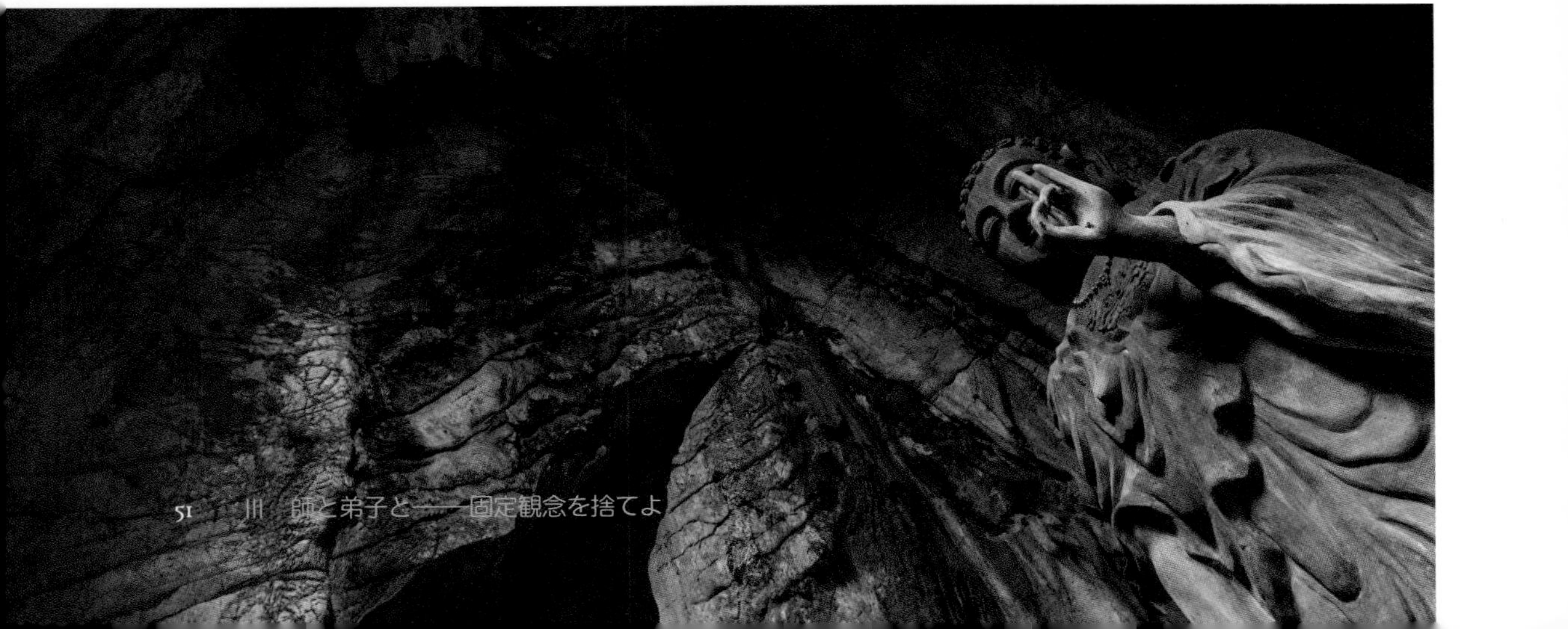

師と弟子との共演

―啐啄同時《そったくどうじ》―（『碧巌録』第十六則、評唱）

圜悟克勤《えんごこくごん》禅師（一〇六三～一一三五）の言葉に、「大凡行脚《おおよそあんぎゃ》の人、啐啄同時の眼《まなこ》を具《ぐ》すべし。啐啄同時の用《ゆう》あって、方《まさ》に衲僧《のうそう》に称《かな》うべし」とある。『禅林宝訓音義』という辞典に、「ひよこが生まれようとして卵を中からつつく（啐）と、それを知って親鳥が外からつつく（啄）のが同時であることを、禅の師と弟子の意気の合ったハタラキ（機）に当てた語」と見える。これを「啐啄《そったく》の機《き》」とも言う。

ひよこが生まれようとして、卵を中からつついているのに、親鳥が昼寝でもして知らないでいると、ひよこは死んでしまう。逆にまた、ひよこにまだ生まれる力もないのに、親鳥が早々と外からつついても、ひよこは死んでしまう。しかし、鳥を見ていると、親と子のタイミングがぴったり一致しているということ。

禅修行に於いても、師が弟子のもう一押しで悟る処まで来ているのを見抜いて、チャンスを見逃さず、弟子を突き倒したり、痛棒でも喰らわせると、弟子は悟ることができるが、師に眼がないと、せっかくの弟子も悟るチャンスを逃がしてしまう。

このことは家庭に於ける親の子に対する教育であっても、学校に於ける先生の生徒に対する教育であっても、まったく同じであろう。子供が伸びようとしてい

ることに気付かない親や先生は落第であるが、ニュースを見ていると、今どきはそんなことも見抜けないような親や先生がいっぱい居て、多くの子供を犠牲にしているのだから、困ったものではないか。

子供には、それぞれ、もって生まれた個性や才能がある。にも関わらず親にそれを見抜く力がなく、学校の成績ばかりで他の子供と比べて我が子を判断するから、子供はみじめな気持ちに追いやられるばかり。親として大切なことは、子供の持っている独特の個性や能力を見抜くことであろう。それが「親の能力」というべきものである。子供が立派に育つために、親の方も立派な親でなくてはならぬのは言うまでもないことだ。

父と子の庇《かば》い合い

―父は子のために隠し、子は父のために隠す―（『応庵曇華《おうあんどんげ》語録』巻二）

唐の昔、徳山宣鑑《とくさんせんかん》和尚（七八〇～八六五）が、道場のお堂を巡ってこられたとき、これを見た門人の巌頭全豁《がんとうぜんかつ》（八二八～八八七）が、「ようやく三年して、父は子のために隠し、子は父のために隠すというようになりましたね」と言った。すると徳山老師が、「そんなこともあるまいけどなあ」と言われたという話。

「父は子のために隠し、子は父のために隠す。直はその中に在り」という語は、すでに『論語』の子路篇に出ているらしい。その注に、「父子相隠は天理人情の至なり」と見える。巌頭は『論語』の中のこの語を引き合いにして、徳山老師に、「私は老師のお心を、そっと胸に秘めておりますぞ」と、自己の胸中を披瀝《ひれき》したのであろう。

これを聞いた徳山老師は、「いやいや、なかなかどうして」とでも言うように、照れ隠しをされたのであろう。ここに何とも言えぬ微笑ましい父子投和の様子が窺えるではないか。

ここで隠すと言っているのは、決してお互いの悪いことを隠しているのではない。お互いの持っている素晴らしい心情を、隠し合っているのである。

同じような語が『続古尊宿語要《ぞくこそんしゅくごよう》』巻四の応庵曇華章に出ている。そこには「父は慈にして、子は孝なり」とある。われわれの時代には、母と子の愛情はしばしば口にされるが、父と息子の交情の方は、どうかすると薄くなってきているように見える。

実際、あまり口にはしないけれども、父が息子に寄せる慈愛と期待には、娘に対するそれと比べると、おおよそ質のちがったものがあるように思う。しかも父と息子のあいだでは、お互いに照れくさくて口や態度に表わさないものだ。

わけても禅の叢林（修行道場）は男の世界であって、女人禁制であるから、師と弟子の交情は、父子のそれに似ているのはむしろ当然であろう。禅の修行生活に於いては特に戒律が喧《やかま》しい。しかし道を求めて、苦労を共にする道場に於いては、師が弟子を慈しむ情愛に、格別のものがあったことは言うまでもない。師が弟子を慈しみ、それに応えるように弟子が、精進努力して恩に酬いようとするこころは、今も昔も変わらない。

家の恥を外に晒《さら》すな

―家醜《かしゅう》は外に揚《あ》げず―（『広灯録』巻十九）

ある僧が化城鑑《けじょうかん》和尚（生没年不詳）に向かって、「和尚さんの説かれている禅というのは、いったいどのようなものですか」と問うた。すると和尚が、「そんなことは人に言いたくない」と言われた。「どうして、そんなことを仰《おっしゃ》るのですか」と言うと、「家のなかの見苦しい話は、人目に晒《さら》してはいけないからだ」と答えられたという話。

禅の修行のことを「己事究明《こじきゅうめい》」という。お経の勉強をしたり、古人の教えを有り難そうに吹聴したりはしないのである。それが「不立文字《ふりゅうもんじ》、教外別伝《きょうげべつでん》」と言われるゆえんである。

禅僧であれば、「自分は何のために出家したか、何をすれば出家した意味があるか、何を達成すれば死んでもよいか」と、毎日反省するのでなければならない、と教える。これを「三顧摩《さんこま》」と言って、古人は実践したらしい。要するに禅僧ほど自分を追求し、その結果納得した結論を丸出しに説く宗教は、他に例を見ないであろう。

したがって、禅僧は独りひとり、個性ある自説を唱えて弟子を教育するのである。弟子たちはそれを師匠の「家風《かふう》」、あるいは「宗風」として大事にする。

上に挙げた表題で化城和尚は、この自分の独得の家風を、「家醜」と言っている。内容は決して醜《みにく》いようなものではないが、遠慮して言っているのである。

言うまでもなくこの遠慮は、決して卑屈なものではなく、他人に言ってもわからないに決まっているという自負から、「家醜」と言っているだけで、馬鹿にしたら酷い目に遭うこと必定だ。

われわれの周りにも、世間にない独得の家風を持つ家庭がある。そういう家庭の特殊性は、その家の主《あるじ》の哲学から来るもので、大いに誇るべきものであるが、世間から見ると、「変わったお家」というレッテルを貼られるに決まっている。

禅僧は、それぞれ自分の家風が独自であるだけに、他人なんぞに分かりはしまいという意味で、胸を張って「家醜」などと言っているだけであって、決して遠慮して言っているのではない。気を付けるべき怖ろしい語ではないか。

馬鹿でなければ、人は救えない

―機《き》、位《い》を離れざれば、毒海《どっかい》に堕在《だざい》す―（『碧巌録』第二十五則、垂示）

禅的なはたらきが停滞してくると、毒の海に落ち込んでしまう。同じように禅の師が吐く言葉が、聴いている連中を驚かさないようでは、俗流に落ちてしまうということ。

唐の昔、禅僧の修行集団である叢林《そうりん》には、たった一人の禅師の下に、五百人、千人という雲衲《うんのう》（修行者のこと）が集まっていたという。

どんなに多くの修行者が集まってきても、彼らはみんな命がけの独りひとりであるから、指導者としての責任となると、どれほど重大なことであったか。

明石の龍門寺を中興された盤珪永琢《ばんけいようたく》禅師（一六二二〜一六九三）は、「親から貰った不生《ふしょう》の仏心《ぶっしん》を大事にしやれ」と、日常の日本語で説法されたので、盤珪禅師と言えば「不生禅《ふしょうぜん》」としてよく知られている。『盤珪禅師語録』の中の行業記を読むと、禅師の直弟子はなんと四百人、弟子の礼をとるもの、上は高官より下は男女民隷に到るまで、その数五万余人とある。

その理由は、たとえば禅師の、次のような親切な説法を見ればわかるであろう。

身どもが此の会中《えちゅう》（坐禅と説法の集まり）に毎日、くり返し〳〵、同じ事ばかりを申（す）は、先に聞（く）人は何度聞（い）ても聞（く）ほど人々たしかにこそなれ、聞（い）て妨げには成りませず。いまだ聞（か）ざる人が、毎日〳〵かはり来て、今日はじめて聞（く）衆が多く、これは其（の）衆のためには、また根元からとつくりといふて聞（か）さねば、成りませぬわひの。

（「御示聞書」）

巷間《こうかん》、「説法無文」と噂された山田無文老師も晩年、同じ話を繰り返された。あるとき、老師のファンだった米屋の主人が、「老師さんの話は、いつも同じ話ばっかりですね」と言うと、老師が「お前さんも毎日、同じ米ばかり売っておるじゃろう」と言われて参ってしまったという。これを聞いてから、私も胸を張って同じ話を繰り返すことにしている。

心を打ち明ける友あればこそ

―話《かた》り尽くす、山雲海月の情―（『碧巌録』第五十三則、頌）

馬祖道一《ばそどういつ》和尚（七〇九〜七八八）が、弟子の百丈懐海《ひゃくじょうえかい》（七四九〜八一四）と歩いていたとき、野鴨《のがも》が飛んでいった。「あれは何だ」と問うと百丈が、「野鴨です」と答えた。「どこへ行ったかな」と馬祖が問うと、「あちらの方へ飛んで行ってしまいました」と答えた。馬祖は途端に、百丈の鼻を捻《ひね》り上げた。百丈が悲鳴を上げると、「ここに居るじゃないか」と言った。その途端に百丈が悟ったという話に、圜悟《えんご》がつけた一句。

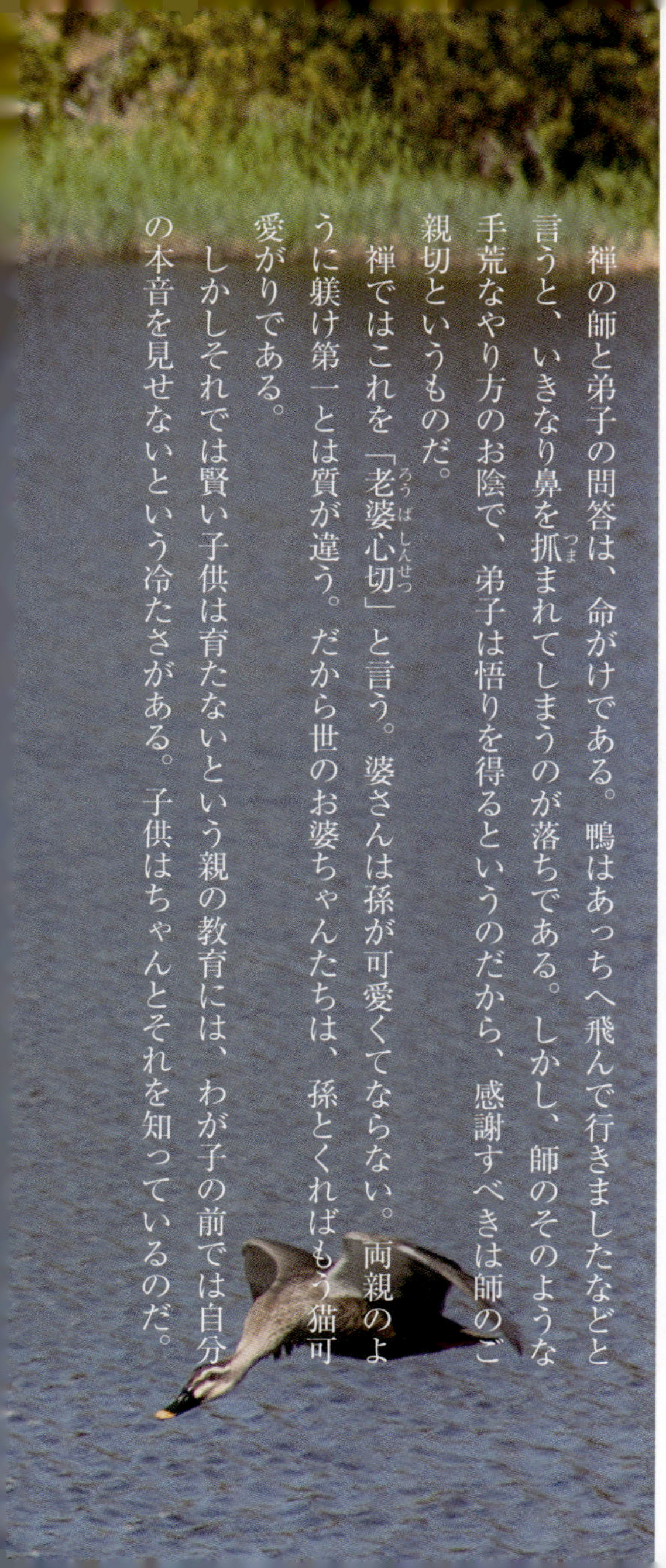

禅の師と弟子の問答は、命がけである。鴨はあっちへ飛んで行きましたなどと言うと、いきなり鼻を抓《つま》まれてしまうのが落ちである。しかし、師のそのような手荒なやり方のお陰で、弟子は悟りを得るというのだから、感謝すべきは師のご親切というものだ。

禅ではこれを「老婆心切《ろうばしんせつ》」と言う。婆さんは孫が可愛くてならない。両親のように躾け第一とは質が違う。だから世のお婆ちゃんたちは、孫とくればもう猫可愛がりである。

しかしそれでは賢い子供は育たないという親の教育には、わが子の前では自分の本音を見せないという冷たさがある。子供はちゃんとそれを知っているのだ。

禅の師匠の手段が厳しいのは有名である。棒で叩いたり、胸ぐらを掴んだり、今の馬祖和尚のように鼻を捻りあげたり、荒っぽい手段を見せる。それなのに、禅僧の手段を老婆心切というのはなぜであろうか。

そこには親と子供の間に見られるような、「教育」などと言うような向き合った態度がないからではないか。お婆ちゃんが自分を丸出しにして孫を抱き寄せる。孫はその暖かい体温を感じ取るであろう。

師匠と弟子のそういう隙間のない間柄には、「山雲海月の情」と言うような親しさがあると言えよう。「話《かた》り尽くす」という一句に、そのことが表わされていないか。ことに「尽くす」という語に、余すところなく丸出しに、という消息が見えるではないか。

言うまでもなく山と雲はまったく別物である。月と、月を映す海の水ははっきり分かれている。しかもお互いは寸分の隔たりもなく、一つの風景として、見る者の心に安らぎを与える。飛んでいる野鴨と自分とは決して別物ではない、という、馬祖の教えであろうか。

活かすも殺すも、自由自在

―能縦《のうじゅう》、能奪《のうだつ》、能殺《のうさつ》、能活《のうかつ》―（『無門関』第十一則）

趙州従諗《じょうしゅうじゅうしん》和尚（七七八～八九七）が、ある庵にやってきて「居られますか」と声を掛けると、庵主が出てきて拳《こぶし》を立てた。趙州はこれを見て、「こんな浅いところには、船は泊《と》められんわい」と言って立ち去った。別の庵を訪ねていって、「居られますか」とまた同じように声を掛けると、この庵主も同じように拳を立てた。これを見て趙州は、「この人は奪うも与えるも、殺すも活かすも自由になさる方だ」と言って、こんどは深々と頭を下げたという話である。

なかなか難しい問答である。この話は、まったく同じように拳を立てた二人の庵主に対して、初めの庵主には価値を認めず、後の庵主に対しては礼拝したというのだから、さっぱり何のことか、凡人には手の付けようがない。問題はどちらの庵主が偉いというのではない。趙州その人の「殺活自在《せっかつじざい》」なはたらきが凄いのだというのが禅門での正解である。しかし私のような凡愚には、趙州のような訳にはいかない。

しかし、同じ事柄に対して一方で「是」と言い、他方で「非」と言える殺活自在な対応の仕方だけは、われわれ凡人にも見習うところがあるようだ。

昔、京都のある婆さんが、雨の降る日も、好いお天気の日も、泣いてばかりいたという。どうやらこの婆さん、雨の降る日は五条で草履を売っている息子が、売れ行きが悪くて困っているだろうと気になるらしい。晴れの日が続くと、七条で雨傘を売っている息子のことが心配になるというのである。

これを聞いたさる本山の管長さまが、「お婆さんよ。雨の日には七条の傘屋が儲かるし、晴れた日には五条の草履がよく売れるじゃないか」と言われて、この婆さんはいっぺんに人が変わって、仏さんになったという。

私たちでも、うっかりすると自分中心主義になり、誰の話にも聴く耳を持たないようなことになったり、自分を卑下してばかりで、誰に対してもごもっともと、他人の尻馬に乗ってばかりいる人もある。いわゆる八方美人といわれる人である。

趙州和尚のように状況に応じて自分を出したり、また他人を立てることが自在にできたりするためには、やはり余程の修行がいるらしい。

後で気が付いても、もう遅い

—賊過ぎて後、弓を張る—（『伝灯録』巻十、趙州章）

趙州従諗《じゅしゅうじゅうしん》（七七八〜八九七）が黄檗希運《おうばくきうん》和尚（生没年不詳）の道場に行くと、黄檗和尚は方丈《ほうじょう》（和尚の住まい）の門を閉めてしまった。趙州は燃える炬火《たいまつ》を持って法堂《はっとう》（説法のお堂）に入り「火事だ、火事だ」と叫んだ。黄檗は趙州を捉まえて「さあ、何とか言って見ろ」と迫ると、趙州が「賊過ぎて弓を張っても、遅すぎるわい」と言った話。

問答の内容は、素人には何のことかわからないが、例によって禅僧同士の怖ろしい腹の探り合いである。この語は、「泥棒が逃げてしまってから、警察に電話」では間に合わんぞという意味でもあろうか。

『鉄笛倒吹』という語録集の六〇に、「覚め来《さ》たって了々として浮生を悟る」とあって、そのコメントに「遅八刻《ちはちこく》、夢中に夢を説く」などという語が出ているから、これもまた、夢から覚めてから世の中が浮き世だったと悟るようでは、間に合わないということであるらしい。

実際、私たちの周りには、「しまった、もっと早く気が付いておけばよかったのに」と、後で気がついても、もう取り返しが付かないことがよくあるものだ。いわゆる「覆水、盆に返らず」で、済んだことはどうにもならぬという奴である。

『拾遺記』によると、周の太公望があまり読書に耽ったので、妻に離婚されてしまった。後に齊の国に封ぜられたので、先妻が再婚を求めると、太公望はお盆の水を覆し、この水を元のように盆に返せば受け入れよう、と言った故事らしい。

似たような話は、私たちの周りにはどこにもあるが、やはりあれは若気の至りであった、と後悔している人は、世に少なくないであろう。

ことに思うのは、この頃の子供の教育についてである。「鉄は熱いうちに打て」などと言われるように、子供のうちにならば撓《ため》ることができる悪癖も、成年になってからでは「遅八刻」であろう。

「後の祭り」という事もある。お祭りの済んだ翌日の山車《だし》には、もう用事はないということであろう。何事にも時機を逸してはなるまい。

Ⅳ 賢か愚か

一を聞いて三を知るような人間たれ

—挙一明三《こいちみょうさん》—（『碧巌録』第一則、垂示）

山を隔てて煙を見て、早く是れ火なることを知り、墻《かき》を隔てて角《つの》を見て、便《すなわ》ち是れ牛なることを知る。一を挙げて三を明らかにし、目機銖両《もっきしゅりょう》す。是れ衲僧家《のうそうけ》の尋常茶飯なり。

昭和二十七年四月、花園大学へ入学して最初の月曜日、全学生が集まって学長山田無文老師の『碧巌録《へきがんろく》』の提唱を聴いた。生まれて初めてのことだから、その日のことは鮮明に憶えている。第一則の「垂示」に、冒頭の言葉が出てきた。

山の向こうに煙の立っているのを見たら、火だなと察知し、垣根の向こうに角が見えたら牛だなと察知する。一隅を持ち上げただけで、もうあとの三つを見抜いてしまう。ちらっと見ただけで重さがどれくらいかわかる。そんなことは禅僧だったら当たり前のことだ、とまあ、そういう意味のことであった。

別に禅僧でなくても、世の中にはときどき、「寸鉄《すんてつ》人を刺す」ような怖ろしい人がいることを、誰もが知っているであろう。ちょっと出逢っただけで、もう相手がどんな人間か見抜いてしまうような人である。あの人はよく切れる鋼《はがね》のような人だ、と言われる人であるが、それだけに冷たいところがあって、親しみにくい。こんな人にだけはなりたくないものだ、と秘かに思ってしまう。

そうかと思うと、『論語』公冶長に、「顔回という奴は、一を聞いて十を知る男だ」と孔子が弟子の顔回を褒めているところがある。中学生の頃、漢文の時間にこれを習って、自分もそういう賢い人間になりたいものだ、と思ったものであるが、どうやら不合格のまま人生が済んでしまった。

『碧巌録』の冒頭で圜悟和尚が言っている、「禅僧たるものの素早い見抜き」は、そんな先天的な賢さを言っているのではない。あくまで俗世間的な忙しい人生を棒に振って、苦しい坐禅の修行をした結果として、自然に備わってくるような洞察力であるに違いない。

そういう眼力を手に入れるためには、日常的なあれこれの雑念を全部払い落とし、心がいつも鏡のように清らかな「無」でなければならないのであろう。

天に向かって魚を求める愚かさ

―三級波《なみ》高うして、魚《うお》、龍と化《け》す、痴人猶《ちじんな》お戽《く》む夜塘《やとう》の水―（『碧巌録』第七則、頌）

鯉が三級の滝を上り、龍となって天に昇ってしまったというのに、鯉はどこにいるのだろうかと、探す馬鹿がいるということ。

三級の滝というのは、中国のかの有名な龍門の滝である。天下を取るような偉い人間はみなこの滝を登らなければならないので、出世するための条件を「登《とう》龍門《りゅうもん》」というのである。

唐の時代、「法眼宗」という五家七宗のなかの一宗を打ち立てた、あの法眼文《ほうげんもん》益《えき》（八八五～九五八）という禅僧に向かってある若い修行僧が、「私は慧超《えちょう》と申しますが、いったい仏さまというのは、どのような方なのでしょうか」と問うと、即座に「お前は慧超じゃないか」と答えられたという話がある。

冒頭に掲げたのは、例によって圜悟《えんご》禅師が、この話頭《わとう》を絶賛して頌《うた》われたものの後半部分である。前半には、「江国の春風、吹けども起《た》たず、鷓鴣《しゃこ》啼《な》いて、深花の裏《うち》に在《あ》り」と、後半とは違って、いかにも悠揚とした風景が頌われている。

「仏とは何か」という質問に対して法眼和尚が間髪を入れずに、「お前さんは慧超だったな」と答えられた。「仏とは慧超のことだよ」と言うのだから、そうなると仏さんは、太郎でも花子であってもよいわけだ。わざわざ仏さんはどんな人で、どこにおられるのだろうかなどと、遠くに探し求めることはない、ということらしい。

にも関わらず私たちは、日々仏さんに掌を合わせ、深々と頭を下げている。それは世界中にただ一人しかいないこの貴い自分を拝んでいることにほかならない。そういう自分に気づけばもうこの世は、春風が吹くともなく吹き、綺麗な鳥が遠くの渓《たに》で啼いているような平和な世界になるぞ、と言うのである。

それに気づかず、仏を探し回っているようでは、魚がとっくに滝を登って天に昇ってしまっているのに、滝壺の水を掻きまわして魚を探しているようなものじゃと揶揄しているのである。

自分の尊さに気付かぬ愚かさ

―牛に騎《の》って、牛を覓《もと》む―（『伝灯録』巻九、福州大安章）

若い日に黄檗山《おうばくさん》で仏弟子となった福州大安《ふくしゅうだいあん》（七九三〜八八二）が若い日、天下に有名な百丈《ひゃくじょう》懐《え》海《かい》和尚（七四九〜八一四）を訪ねたとき、「仏とは何かということが知りたくてやって来ました」と言うと、百丈和尚が「お前さんは、牛に騎って牛を求めて歩いているのだな」と言われた、という話。

禅問答では、よくある話であるから、話題としてはごく平凡なものの一つであろう。つまり、世界に二人といない「この自分」を愚かな人間と知って、家族との暖かい生活を捨てて出家したこの福州生まれの大安青年は、すでにそれだけで非凡な男である。

ギリシャの昔、哲人ソクラテスが、天地宇宙を知り尽くしたかのように、得意げに哲学を語っている街の廊下のソフィストたちに向かって、「汝自身を知れ」と言った話は、哲学書の第一ページに出てくる。

ところが遙か東アジアの中国に於いても、やはり大安のような若い青年が、この世で一番理想的な存在であると教えられた「仏陀《ぶっだ》」とは、いったいどんな人間であったのかを知ろうとして、中国の山々を訪ね歩いていたのである。そして、遙々《はるばる》百丈山まで来て、百丈和尚から、「なんと馬鹿な。お前さんは牛に騎って牛を求め歩いているじゃないか」と言われたのである。

馬鹿みたいな話であるが、『伝灯録』などという立派な禅の歴史書中の話として、かれこれ千二百年あまり伝えられてきたからには、よほど意味のある話でなければならない。それはこのように学問研究の発達した現代社会に於いても、まだ意味を失わないだけの値打ちをもった話なのである。そう考えると、人間の精神などというものは、ギリシャの昔から少しも発展していないことになる。

牛に騎って牛を探し求めるなどと、百丈和尚はよく言ったものである。言うまでもなくこの話、自分の懐中に宝物がぎっしり詰まっていることを知らずに、国中のあちこちを歩いて宝物を探し求めた金持ちの息子「長者窮子《ちょうじゃぐうじ》」の話と同趣である。

言われてみると私たちも同じ。この素晴らしい人間としての生を頂きながら、自分を忘れて毎日何かよいことはないかと探し回っているとは、またなんという愚かなことであろうか。

絵に描いた餅で腹は膨《ふく》れない

―画餅《がびょう》、飢えを充《みた》す可《べ》からず―（『伝灯録』十一、香厳智閑章）

香厳智閑《きょうげんちかん》（?〜八九八）は潙山霊祐《いさんれいゆう》（七七一〜八五三）に参禅したとき、潙山和尚から、「この世に生まれぬ前の、本当のお前を示してみろ」と言われ、あちこちの書物を漁《あさ》ってみたが、答えが得られず、「絵に描いた餅では、飢えを満たすことはできない」と知って、泣いて潙山の山を下りたという話。

「絵に描いた餅では、腹が膨れない」とは、誰でも耳にする語である。そういうわけで香厳は、潙山の山を下りて南方に行き、南陽というところで、慧忠国《えちゅうこく》師《し》（?〜七七五）と仰がれる禅僧のお墓守をしていた。

ある日、掃除をしていると、箒《ほうき》の先から飛んだ小石が竹にあたってカチーンと鳴った。香厳はそれを聴いたとたん大悟したという。これが有名な「香厳撃竹《きょうげんげきちく》」という話である。竹の鳴る音を聴いたとたんに、「父母未生以前《ぶもみしょういぜん》、本来《ほんらい》の面目《めんもく》」（両親も生まれてなかった頃から既にあった本当の自分）がわかったという、羨ましい話である。

真実の自己とは何かを、他に向かって求め続けたため、この大事な自己を失いかけている真っ暗闇の香厳を、竹の鳴る音がぶち破ったのである。香厳は撃竹の音によって、今までとはまったく質の異なる、本当の自分に生まれ変わったので

ある。

禅の道歌に、

闇の世に　鳴かぬ烏《からす》の　声聴けば　生まれぬ先の　父ぞ恋しき

などというのがある。真っ暗闇には見えない筈の黒い烏、それの鳴きもしない声が聞こえるという。それも生まれぬ先の父と言うのだから、まったく理不尽な歌ではある。禅の修行では一度そういう理不尽な世界を見てこないと、現実世界をはっきり見ることはできないと教える。

これを逆に言えば、日常われわれがぼんやり見たり聞いたりしている世界は、本当の世界ではないということであろう。禅には、「大死一番《たいしいちばん》、絶後《ぜつご》に蘇《よみがえ》る」という言葉がある。坐禅によって、ふだんの生活の中で、「これが自分だ」と思っている意識的自己という奴を絶滅しなければ、本当の自分に出逢うことはできない、と禅では教えるのである。

ある木樵《きこり》が森の中で仕事をしていた。するとサトリという鳥がやってきて仕事の邪魔をする。木樵は仕事を止めてサトリを捕らえようと、森中を追っかけまわすが捕《つか》まらない。木樵は、勝手にしやがれと、こんどはサトリなど無視して仕事を続ける。するととつぜん斧の先が飛んで、サトリの頭を直撃してサトリが死んだという。そんな面白い話が、鈴木大拙博士の『禅と日本文化』に書いてあった。

隠れて善いことをせよ

―陰徳《いんとく》は耳鳴りの猶《ごと》し―（『随書』李士謙伝）

幼くして父を亡くし、母親孝行で知られた、李《り》士謙《しけん》（五二三～五八八）という人の語。『随書』（唐の魏徴らが勅を奉じて随の歴史を撰した史書）の「李士謙伝」に、「或《あ》る人、士謙に謂《い》いて曰く、子は陰徳多しと。士謙曰く、所謂《いわゆ》る陰徳なるものは猶《な》お耳鳴《じめい》のごとし。己《おの》れ独り之《こ》れを聞き、人の知る者無し。今、吾が作《な》す所、吾が子皆な知る、何の陰徳か之れ有らん」と見える。

近頃はあまり、「陰徳」という言葉を聞いたことがないが、私たちの子供の頃には、師匠の口からよく、「陰徳を積め、陰徳を積め」と聴かされたものである。それこそ耳鳴りのように。しかし、ここで「耳鳴りの猶し」というのはいささか意味が違うのである。そもそも耳鳴りは、自分にしか聞こえない。他の人には聞こえないのだ。そのように、他人に気付かれないような善行を積め、ということであろう。

「陰徳あれば陽報あり」などという諺もあるけれど、陰徳を積めば他日何か良い報いがあるのでは、などと期待していては、とても陰徳などとは言えない。早い話、何にもならないようなことを、黙々と行なうことでなければならないのだ。禅語に「雪を担《にな》って井を埋《うず》む」などというのがある。井戸を埋めようとして、いくら雪を運んで来ても、何にもならないように、禅の修行も悟りを得ようなどと思ってするのではなく、ただ黙々と無駄骨を折れということであろう。

私は学生時代、九十八歳にしてなお矍鑠《かくしゃく》とされていた妙心寺の古川大航管長さまに、どうしてそんなにお元気で長生きされているのですかと、不躾に尋ねたことがある。すると管長さまは、「それはワシにも分からんが、有り難いことじゃ。ただ若い時分から、生き物だけは殺生しないように心がけてきたからかも知れん。水道の水でも出しっ放しになっていたら、黙って蛇口をひねって止めるぐらいのことはしてきた積もりじゃ」と言われたことが、今も耳鳴りのように残っている。

もう一つ、南禅寺で修行していた時のこと。夜中に起きて便所に行くと、誰か薄暗い灯火の下で、他人の下駄の千切れた鼻緒《はなお》をすげ直しているのを見て、私の眼がすっかり覚めてしまったことがあった。不思議に今もはっきりと私の記憶にある。

悪いと知ってする苦しさ

―耳を掩《おお》って鈴を偸《ぬす》む―（『碧巌録』第八十五則、本則）

僧が桐峰庵主《とうほうあんじゅ》（生没年不詳）のところへ行って、「ここへ虎が出たらどうしますか」と言うと、庵主が虎のように吠えた。僧が怖れる様子をすると、庵主は声を立てて笑った。僧が「この悪党野郎」と言うと、庵主が、「このワシをどうすることもできまい」と言われたので、僧は黙ってしまったという。この話に対して『碧巌録』の著者雪竇重顕《せっちょうじゅうけん》（九八〇〜一〇五二）が、「二人とも、自分の耳を塞いで鈴を盗みやがった」と付けた褒め言葉。

要するにこの語は、雪竇が庵主と僧の二人を褒めた語である。ところで「耳を塞《ふさ》いで鈴を盗む」という語は、なかなか面白いではないか。二人ともなかなかの役者だ、という褒め言葉であるらしい。

二人とも、相手の言うことはよくわかっていて、しかも自分で負けたような振りをしたということであろう。そういうことは、われわれの暮らしの中にもあるのではないか。自分に利があるということを知りつつ、敢えて相手を立てるというような場合は、やはり自分の本心に逆らっている。

これとは逆に、自分の良心に照らせば恥ずかしいことを、敢えて口にしようとすれば、やはり自分には聞こえないように言わなければならない、ということだってある。会社の上司が、新米社員に小言を言う場合など、自分の若い頃を思えば、とても言えた義理ではなくても、敢えて会社のために言わなければならない時もあろう。

　勉強嫌いな息子を叱る時の親父の気持ちも、これとよく似ていないか。自分自身は子供の時に、勉強もせずに遊んでばかりいたという記憶がある。しかし今、親となってみれば、勉強せずに遊んでばかりいる息子を放置できない。そういう時親父は、自分の恥を忍んで「もっと勉強しなさい」と言う。辛いことではあっても、親として為すべきことであろう。

　自分に聞こえないようにあえて言わなければならない苦しい気持ち。それは胸に手を当てれば、誰にでもある経験だ。また、自分でもできることを、相手が先にやった時の、あのやるせない気持ちをぐっと抑えるのも、やはり耳を掩って鈴を盗むような気持ちになる。

　満員電車の中で座っているとき、老人が乗ってくる。一瞬、席を譲らなければという良心の声が聞こえる。しかし、今日の自分は疲れ切っている。それで、あえて座ったままでいる。そんな時ほど自分にとって辛いこともない。人間は誰にも、そういう良心があるはずだと思う。

賢者は少ない、愚者は多い

―穿耳《せんに》の客に逢うことは罕《まれ》にして、刻舟の人に遇うことは多し―（『碧巌録』第五十五則、本則著語）

道吾円智《どうごえんち》和尚（七六九～八三五）が、弟子の漸源《ぜんげん》（生没年不詳）を連れてある家に弔問に行った。漸源が棺桶を叩いて「生か死か」と問うと、道吾和尚は、「生も也《ま》た道《い》わず、死も也た道わず」と答えた。「どうして道わないのですか」と言うと、和尚はただ「道わじ、道わじ」と言うばかりであった、という話につけた圜悟のコメント。

帰り道、弟子の漸源が「言わなければ打ちますぞ」と言うと、「打ちたければ打て。どうせ言わないのだから」という答え。そこで弟子の漸源は、師の道吾を打ちのめしたのである。

実際問題として「死」という事実は、生だとか死だとか言えないような絶対事実であり、他人がああだこうだと言うことは、「言語道断《ごんごどうだん》」だということでもあろう。

表題の語は、例によって圜悟がこの話に付けたコメントである。「穿耳の客」というのは、生前、真面目に仏法の話を聴いた人の髑髏《どくろ》は、葬具で耳を穿《うが》つと、簡単に突き抜けることを言うらしい。しかし、そういう人に出会うことは、なか

なか難しいというのである。

反対に、「刻舟の人」はどこにも居るというのである。「刻舟の人」はよく知られた諺で、舟から河に剣を落とした人が、どんどん進む船の縁《へり》に印を付けて、ここへ落としたのだと言っている愚者の喩《たと》えである。そういう馬鹿な人間なら、そこいらにいっぱい居るぞ、ということである。

漸源は道吾和尚が死去されると、石霜楚円《せきそうそえん》（九八六〜一〇三九）という和尚の道場を訪ね、先の話を伝え、「老師ならどのように答えられますか」と尋ねると、石霜和尚もまた「道わじ、道わじ」と言われた。これを聞いて漸源は、こんどは悟りを開いたという。

この話を読むと、どうやら漸源は褒められたり貶《けな》されたりで、一人二役している名優のように見えるが、どうであろうか。

火は、風向きを知って吹くべし

―風に因《よ》って火を吹く―（『伝灯録』巻十三、風穴延沼章）

ある僧が風穴延沼《ふけつえんしょう》和尚（八九六〜九七三）に向かって、「臨機の一句とはどういうものですか」と問うた。すると風穴和尚は「風に因って火を吹けば、力を用いること多からず」と答えたという話。

われわれの世界でも「臨機応変《りんきおうへん》」ということが言われる。機に臨み、変に応じて適当な手段を用いるということで、これのできる人をチャンスメーカーというがごとし。

「機を見てせざるは、勇無きなり」と言われるように、今がチャンスだとわかれば、多少無理をしてでも、チャンスを逃してはいけないであろう。チャンスはそうしばしば訪れるものではないからである。

風の吹く方向はどんどん変わる。火を焚くときはそれをよく見て、風の方向に従って火を吹けば、「力を用いること多からず」で、風のお陰で簡単に火は燃えあがる道理である。

世の中には、せっかくチャンス到来なのに、躊躇して行動を起こさない、いわゆる大人し過ぎるような人がいる。みすみす眼の前にある宝物を取り逃がしてしまう、気の毒な人である。真面目な人だけに無駄な努力をするばかりで成果が上がらない。

　都合のよい風が吹いてきたら、それに乗れば力を用いなくても、ぐんぐん昇っていく凧のようなものである。しかし、「順風に帆を張る」ということも言われる。ヨットに乗っているとき、うまく進もうとする方向に風が吹いていれは、おのずからぐんぐん進んでいくであろう。しかしそれも油断をすると、風のために帆が倒れるということもある。逆風の時は気を付けていても、順風の時には油断ということが起こる。油断こそ大敵である。だから順風の時ほど気を付けなければならない。

　禅僧の場合は、滅多に巡り会えないよい師の前に出てきたら、すかさず師に対して意味のある質問をすべきだ、ということであろうか。

一人の嘘が、世間を渡る

―一人虚《いちにんきょ》を伝えて、万人実《ばんにんじつ》を伝う―（『伝灯録』巻十八、龍華霊照章）

ある僧が龍華霊照《りゅうげれいしょう》和尚（八七〇～九四七）に、「如何《いか》なるか是《こ》れ、祖師西来意《そしせいらいい》（達磨大師がインドからやって来た意味はなにか）」と質問した時に、龍華和尚の答えた語である。

禅僧たちの間で交わされる問答の中でも、「如何なるか是れ、祖師西来意」という問いは、もっとも大事な問題である。この質問によって「禅とはどういうものか」ということを問うのであるから、答えが禅僧の数ほどあるのは当たり前で、これだという決まった正解はない。

龍華和尚は異色の禅僧で、高麗《こうらい》（現在の韓国）から中国へ留学して、雪峰義存《せっぽうぎそん》（八二二～九〇八）の法を嗣《つ》いだ人。

この龍華和尚にある僧が、「達磨大師がインドからやってこられた意図は何ですか」と問うた。質問の本意は、「禅とは何ですか」である。すると和尚が、「一人の嘘が、なんと万人に伝わるものだなあ」と答えられたのである。

言うまでもなく、達磨はインドから嘘をつくためにやってきたのではない。達磨さんは「禅とは何か」などと、言わずもがなのことを伝えるため、インドから遙々《はるばる》やってこられたが、そのお陰で修行者たちはみんな騙されて、苦労しなけれ

ばならんのだよ」というような意味でもあろうか。

それを「虚」、つまり「有りもしないことだ」と言ったのは、本当は褒め言葉である。これは「抑下《よくげ》の托上《たくじょう》」という禅者の常套手段であって、貶《けな》しているのではなく、実は称《たた》えているのである。だから「万人、実を伝う」、つまり達磨の教えが真実であることが、その後の多くの禅僧によって伝えられたじゃないか、と言っているのである。

因みに、ひろさちや編『格言・ことわざ・名言・警句大全書』によると、嘘には三種あると、面白いことが書いてある。一は、嘘と知らないでつく嘘で、これは「嘘つきな正直者」。二は、嘘と知っていながら嘘ではないという輩で、これは「嘘つきな嘘つき」。三は、嘘ということを知りながら、人を庇《かば》うためにする嘘で、それによって自分は悩んでいる「正直な嘘つき」だという。さて禅僧の嘘つきは、いずれであろうか。

上手な金の使い方は、貧乏人のお得意

―使うことを解《よ》くするは、家の富貴に由《よ》らず―（『虚堂録』巻三）

炉開きの日、虚堂智愚《きどうちぐ》禅師（一一八五〜一二六九）は黙然として坐禅している十八人の門人たちに向かって、「金の使い方の上手下手は、家が富貴であるかどうかとは関係ない。人が上手に着物を着ることが、どうして沢山の着物を持っているからだと言えようか」と言った話。

言うまでもなくここで虚堂和尚は、弟子たちに金の使い方を教えているのではない。坐禅によって得た悟りの内容を、日常生活に於いてどのように活かすか、について教えているのである。

朝から晩まで黙って坐禅しているだけが能ではない。やはり、悟りの浅さ深さに応じて、坐禅の功徳が、日常生活の中で活かされていかなければならないというのである。同じように、人の生活ぶりが風流であるかどうかは、着物を沢山持っていて、あれこれと着替えることで決まるわけではない、というこ

とであろう。
要するに、お金をどれだけ持っているかが問題ではなく、どのように使うかの問題であり、着物をどれほど沢山持っているかではなく、少しの着物でも、それをどのように風流に着こなすかということである。

俗世間を離れた山の禅寺で、朝から晩まで坐禅と作務に勤しんでいた禅僧たちの話題が、お金の問題や、着物の話になっているところ、いかにも当時の中国禅宗の世俗化を反映しているようで、面白い話題ではないか。

私が南禅僧堂で修行生活をしていたとき、街に出て托鉢をして頂いてきたお米やお金を、集める箱が台所に置いてあった。その箱の蓋に、「君子は財を愛す、これを取るに道を以てす」という、『通俗編』貨財にある俗語が書いてあった。

なるほど、霞《かすみ》を食って暮らすような君子でも、お金がなくては生きていくことができない。だから財を愛するのであろう。しかし愛という字は「吝《おし》む」という意味もあるから、ここでは無駄使いをしない、ということになろうか。また、たとえお金を多く持っていても、それを有効に使わなければ、何の意味もない。これをどのように使うかには「道」があるということである。悟りの智慧もまたハタラキはさまざまだということか。

V 毎日を楽しく

時は素早く過ぎていく

―金烏《きんう》急に、玉兎《ぎょくと》速《すみ》やかなり―（『碧巌録』第十二則、頌）

ある修行者が洞山守初《とうざんしゅしょ》和尚（九一〇～九九〇）に、「仏とは何ですか」と訊ねた。するとその時、台所で麻を秤《はかり》にかけていた洞山和尚は、「麻、三斤じゃ」と答えた。その応答の素早さを、月日の移り変わりの早さに喩えて雪竇《せっちょう》が頌《うた》ったものか。

修行者から「仏とは何ですか」、と問われた洞山和尚が、今、自分が量っている眼のまえの麻の重さを指さして、「この麻は三斤じゃ」と答えた。「洞山《とうざん》麻《ま》三《さ》斤《ぎん》」と言われる難しい問題である。ここで問答の野暮な詮索は、かえって怪我のもとになるから止めよう。

ただ、その返答の素早さを称えたものだというのが、禅門でのこの語の解釈であるから、この機会に、時間というものについて考えておこう。じっさい洞山が麻を量っているのも日常の作業の一端であるが、そのなかを時間は眼には見えない仕方で、どんどん流れて行っている。

いや、この場面で洞山は、麻を量ることに専念していて、その様子そのものが仏だと答えたと考えてもいいであろう。理屈っぽく言えば、仏などというような永遠不変な存在はどこにもないのであって、人生そのもの、生活そのものが、時間であり、それが永遠なる仏そのもの、ということになる。

そもそも、時間というものはどこにあるか。われわれは普通、時間は？　と聞かれると、時計を見る。しかしあれは社会的な約束を果たすために、みんなで共有する客観的な目安である。だから、時計の文字盤は眼に見えない時間を、眼で見てわかるように分割した「空間」であって、断じて「時間」ではない。時間はすべて存在しているものに内在する本質として、眼に見えない形で現象とともにある。仏陀はこれを「諸行無常（あらゆる現象はじっとしていない）」と説いたのである。

　道元禅師が『正法眼蔵』「有時」の巻のなかで、「時すでにこれ有なり。有はみな時なり」と説かれたのは、まさに言い得て妙なりであろう。

アッという間の人生

―左顧《さこ》するに暇《いとま》なく、右眄《うべん》すれば已《すで》に老いたり―（『碧巌録』第三十四則、頌）

仰山慧寂和尚《きょうざんえじゃく》（八〇七～八八三）が旅の僧に対して、「どこから来たか」と訊ねた。僧は「廬山《ろざん》から参りました」と言うと、「五老峰《ごろうほう》に登ったことがあるかい」と問われた。「いえ、登ったことはありません」と答えると、「お前は山遊びをしておらんなあ」と嘆かれた話に、雪竇が付けた頌《じゅ》の一句である。

実際、人生というものは、あっと言う間に過ぎ去っていく。まして右顧左眄《うこさべん》（キョロキョロ）しているうちに、もう終着点である。じっさい人生は、毎日毎日が何となく忙しく、「左顧する暇も無し」である、左を向く暇もないほど忙しい。そして右顧（右を向けば）すれば、もう老人になってしまっている。

私自身の人生八十六年を考えてみても、それこそ他所見《よそみ》をする暇もないほど忙しかった。実際この歳になって、まだ昼寝もせずに、暑い中でこうして原稿を書いている。それこそ年寄っている暇もない。

そうするうちに、もはや死期が迫っているのに驚くばかりである。自分はまだ若いと踏ん張ってみても、親しく付き合った周りの友人が次々と鬼籍に移っていく。思うだに寂しき現実ではある。晴山陽一氏の『すごい言葉』（文藝春秋）には、そんな言葉がたくさん並んでいる。いくつか写させて貰おう。

人生はあっという間の瞬間にすぎない。永遠に対して準備するにはあまりにも短すぎる。（ポール・ゴーギャン）

人生は、鬼の顔を忘れた鬼ごっこのようなものである。（晴山陽一）

人生とは、水平方向に落ちて行くことである。（ジャン・コクトー）

人生は橋。渡ることはできるが、その上に家を建てることはできない。（インドの諺）

百年、三万六千日なり

―百年三万六千日、忻々《きんきん》たるを得る処、且《しばら》く忻々たれ―（『白雲守端語録』巻四、頌古）

ある僧が洞山良价《とうざんりょうかい》和尚（八〇七～八六九）に「仏とは何ですか」と問うと、洞山は「麻三斤《あさんさんぎん》」と答えたという話に、白雲守端《はくうんしゅたん》（一〇二五～一〇七二）が付けた頌《じゅ》の後半二句。

「仏と何か」という問いに対して洞山和尚は、たまたま量っていた麻の重さで答えたという、前にも採り上げたた話頭《わとう》である。この僧が真実として求め続けた仏とは、他ならぬ眼の前に山積みになっている麻の塊であった。しかもその重さは、「三斤」という具体的な重さであったのである。

この話に対して白雲和尚は「一生はたった百年だ。嬉しいことがあった時は、しっかり喜んで暮らせばいいんだ」と頌《うた》ったのである。

白雲和尚の言う通り、長生きして百年生きたとしても、たった三万六千五百日にしか過ぎない。お互いにそういう短い人生を、自覚なしにただ漫然と生きていては勿体ないではないか。

世の中には、楽天家もあれば悲観主義の人もいる。泣いて暮らしても、笑って暮らしても、同じ一日であるなら、大いに笑って暮らしたらどうだ、と白雲和尚

は勧めているのである。

人々を少しでも楽しませてやろうと、全国の漫才師や落語家が頑張っている。それなのに舞台下に陣取って、少しも笑わない人がいるそうだ。いわゆる寄席破りという輩《やから》で、不陰徳な話ではないか。

もとより人生は楽しい日ばかりではない。とうぜん鬱陶しい嫌な日もある。それで白雲和尚も、「忻々たるを得たならば」と、条件付きなのだ。毎日笑って暮らせ、というような甘いことは言っていない。

知られるように、人生に対して古今東西、いろんな箴言《しんげん》があるが、概《おおむ》ね深刻な人生訓が多い。そんななかで白雲和尚は、楽しいことにあったら、しっかり笑って暮らせと言っているところ、いかにも禅僧ならではと言うべきか。

毎日を楽しく

―今朝、酒有れば今朝酔い、明日、愁《うれ》い来たれば明日愁えん―（『仏海慧遠語録』巻二）

ある時、仏海慧遠《ぶっかいえおん》禅師（一一〇三〜一一七六）が門人たちに向かって、「ワシは自分の鼻孔《びくう》（鼻の穴）と、禅宗を伝えた祖師たちの眼睛《がんぜい》（眼玉）と、一串《ひとくし》に刺してしまったわい。さあ、お前らはこの串からどう逃げられるか、言って見ろ」と。そして自分自身で、「酒があれば酒、愁いあれば愁うるのみじゃ」と言われたという話。

慧遠和尚からそう迫られても、門人たちは返す言葉がなかったことであろう。つまり和尚と歴代の祖師たちとの間には、そう簡単に食い込んでいけるような隙間はない。否、むしろ皆な既に、その串に繋がれてしまっていて、逃げようもない、という雁字搦《がんじがら》めのなかでどうしようもない。そこからいかにして脱出するか、という問題である。

つまり、禅宗の一貫した趣旨を、いちおう体得できたとして、こんどはそこからいかに解放され、自分自身の事柄として応用できるかという、伝灯の自己化の問題である。

禅を伝えた初祖達磨大師いらいの教えに、有り難くべったり喰い付いていては、己事究明《こじきゅうめい》（自分とは何か）を課題とする禅の修行者としては、取り柄がないわけである。慧遠和尚は、そこの処を問い詰めておられるのであろう。

実際、われわれ独りひとりが生きていくからには、他人の真似ばかりしている訳にはいかない。そこで自分だけのことを考えてみると、これまた毎日毎日が、同じ二十四時間の繰り返しではない。「日に新た、また日々に新たなり」ということであって、同じ日は再びやってこないのである。

そこの処を慧遠和尚は、今朝は酒があるから、朝からでも酒を飲んで、今日の一日を愉快に過ごそう。明日になってまた、どんなに嫌な事が起ころうと、それはそれでどんとこいだ、ということである。聖書にも「明日のことを思い煩《わずら》うな」と、チャンと書いてある。

長い人生航路には、雨の日もあり風の日もある。いったん大海に漕ぎ出たからには、逃げようがない。「待てば海路の日和かな」ということもある。まことに一喜一憂の毎日こそが、人生というものの面白さではないか。

死んでからも、眼を剥《む》いている奴がある

―棺木裏に眼を瞠《ひら》く―（『石霜楚円語録』）

石霜《せきそう》楚円《そえん》和尚（九八六～一〇三九）が第二上座《じょうざ》（二番目の高位の弟子）に向かって、「先日の問答のこと、憶えておるかい」と訊ねられた。第二上座は、「憶えておりません」と答えた。すると和尚は、「剳《とう》（鍵のこと）」と言われた。同じことを第一上座に問われた。すると第一上座は和尚に向かって、「和尚さんは棺桶の中で、まだ眼を剥いていなさるわい」と答えた、という話。

禅の語録にはこのように、突拍子もない言葉が、しばしば飛び出して訳がわからない。和尚が言った「剳《かぎ》」というのは、「お前はまだ引っ掛かっておるのか」とでもいう意味か。「いつまで同じことにこだわっておるんじゃないぞ」とでもいうことでもあろうか。

第一上座の方は逆に、自分の方から和尚に向かって、「老師はいつまで、棺桶の中で執着たらしく、眼を剥いているんですか」と返したのである。

とまれ、棺桶のなかで眼を剥くということは、なんとまあ往生際の悪いことだ、という和尚に対する揶揄《やゆ》であろう。やはり死んで納棺された以上は、安らかに瞑目している方が自然である。そう言えば人の死顔には、人生のすべてを終えた人の安らぎが感じられる。啄木の歌であったか、こんなのがあった。

剽軽《ひょうきん》の　性《さが》なりし友の死顔の　青き疲れが　今も目にあり

生前は、馬鹿なことばかりに言って人を笑わせていた者でも、啄木の言うように、いったん死んでしまうともう言うことはなく、ただ疲れだけを見せるのだろうかと、ふと自分の死顔はいったいどんな顔であろうかと思ってしまう。

私も坊主という職業柄、檀家の人が死ぬと、家族の者が枕経を読んで欲しいと言って、寺に駆け込んで来る。だから一寺の和尚たるもの、うっかり長い旅行もできない、という、これはこれで隠れた悩みを抱えている。

そういうわけで、今死んだばかり、という人の死顔はじゅうぶん見慣れてきた。確かに往生際の悪い人の顔は、心なしか僅かに歪んで見える。うっすらと眼を明けたままの死人の枕元で経を読むと、むっくり起き上がってくるのではないか、というような気さえする。

逆に、本当に安らかな死顔を見せてくれる人には、懐かしさが溢れ、冷たい頬に手をやって、ご生前のお礼を述べたくなるような人もある。そして自分もまた、このような美しい死顔で、みんなに拝んで貰いたいものだと思う。それがどうなるかは、その日になるまで、お互いに判らないのだけれど。

人の悪口を言って、自分の口を穢《けが》すべからず

―血を含んで人に噴《ふ》けば、先《ま》ず其の口を汚す―（『虚堂録』巻二）

ある僧が、虚堂智愚《きどうちぐ》和尚（一一八五～一二六九）に向かって問うた。「霊雲志勤《れいうんしごん》（生没年不詳）は、桃の花を見て悟ったと聞きます。私もまた毎日桃の花を見ているのですが、何故、私は悟れないのでしょうか」。表題の語はその時に虚堂和尚が答えた言葉である。

ここで悪口と言っているのは、世間に言う悪口ではない。他人のことを言うという意味である。いや、禅僧は例によって、貶《けな》す言葉で褒めているのである。まあ単純に、「他人のことばかり言ってると、自分の口が腐るぞ」というような意味であろうか。

昔から禅僧たちは、思いも掛けない日常的なできごとが機縁となって、悟りを開いている。唐時代の雲門文偃《うんもんぶんえん》（八六四～九四九）は、山門の扉に挟まれ、脚の骨が折れた途端に悟ったとある。

わが国でも、曹洞宗の道元禅師など、河の橋を渡ったとき、水面に映る自分の影を見て悟ったと言われる。臨済宗でも四十二歳の白隠和尚は、軒下でなくコオロギの切々とした声を聴いて、初めて『法華経』の深い意味を悟ったと書いてある。もっと面白いのは、風呂に入ったとき悟ったされるインドのバッダバラ菩薩。

また、誰であったか、トイレに跨がって落とした糞に驚いて鳴いた蛙の声で悟った、という奇特な人もあるらしいが、こちらはむしろ眉唾ものであろう。ところで表題の語は、それとは趣きを異にした、もっとわれわれに身近な内容である。

どこにでも、よく人の悪口を吹聴して回る御仁がいるものだ。悪口でなくてもよい。いわゆる陰口でも同じこと。要するに、自分のことは差し置いて、人のことばかりああだこうだと言って回る人のことであるから、なかには褒め言葉もあるであろう。要するに評論家である。ただ残念なのは、そう言っている貴方はどうなんですかと言いたくなるほど、自分のことを忘れている。

別に悪い人ではないけれど、自分を忘れてはいけないのである。禅は「己《こ》事《じ》究明《きゅうめい》」であるから、他人のことよりも、もっと自分自身について問い続けなければならないと教えるのである。

何度繰り返しても、そのたび新しい

――一回挙著《こじゃく》すれば、一回新《あら》たなり――（『碧巌録』第三十則、頌の著語）

ある僧が趙州従諗《じゅしゅうじゅうしん》和尚（七七八〜八九七）に向かって、「承《うけたまわ》れば老師はあの高名な南泉普願《なんせんふがん》和尚（七四八〜八三四）に参禅されたそうですね」と言うと趙州が、「うん、鎮州《ちんじゅう》では、大きな大根が採れるわい」と、答えた話。

この話頭《わとう》（公案）に対して、かの雪竇《せっちょう》が、「鎮州、大蘿蔔《だいらふ》（大きな大根のこと）を出す」と大げさに偈《うた》ったのに対して、圜悟が、「一回挙著すれば一回新たなり」と、コメントしたものである。果たして褒めているのか貶《けな》しているのか、素人にはわからない。

「誰でも知っているような話を、何遍もするのは止めて欲しい。一回言えば十分なのに」というようなことが、われわれの周りにもよくあるが、どんなに同じ話であっても、一回一回、初めてのように聴き取るということも、また大切であろう。

よく世間には、「得たり賢し」とばかりに、同じ話に得意になっている御仁があるが、聴く方にとってみれば耳に胼胝《たこ》である。しかし、どんなに同じ話であっても、初めて聞くような気持ちで聴いておれば、そのうちやっと深い意味に気付くということもあろう。

私は幼年の頃、夕方になると毎日、師匠の肩車に乗って寺の鐘楼に登り、晩鐘を撞《つ》いたものである。鐘を撞《つ》く縄をうーんと後ろへ引っ張って、「いちにのさん」でゴーンと撞くのである。子供の私には、それが楽しみであった。

師匠は鐘を撞くたびに、毎夕、同じ歌を繰り返した。それが今も耳底にある。「鐘が鳴るかや、撞木《しゅもく》が鳴るかや、鐘と撞木の間《あい》が鳴る」という歌であった。

もちろん子供の私には、それが何を意味するか知る由もなかった。しかし後年、哲学を学ぶに及んで、「絶対矛盾の自己同一」などというのを習い、「ゴーンという音」は、鐘と撞木の二即一のハタラキであることを知った。それがわかってからの私は、一回一回の音をその都度、新しい気持ちで聴いているのである。

嬉しいことが、二つも重なる話

―久旱《きゅうかん》に初雨に逢い、他郷に旧知に遇う―（『古尊宿語要』巻三、道吾悟真章）

臨済義玄《りんざいぎげん》禅師（?～八六七）は、自己と周りの世界とのあいだの関係の仕方について、四つの場合を説いた。これを「四料簡《しりょうけん》」という。その第四「人境倶不奪《にんきょうぐふだつ》」（自分も環境世界も共に生かせという意味）に対して、道吾悟真《どうごごしん》和尚（唐代、生没年不詳）が示した見解《けんげ》の一句である。

臨済の「四料簡」はよく知られているが、あまりに専門的過ぎるので、ここでその一々についての解説はしないでおく。まあ、わかりやすく言えば、日常世界のなかで自分と世界とは、どのように関係を持てばよいかについての、四通りの場合を示したものである。

例えば、家庭生活という、ごく狭い日常世界に於いても、主人と奥さんとの関係はいつも同じではない。主人を例にとって言えば、いつも奥さんに賛成ばかりしておれない。偶《たま》にははっきりと、自分の意見を述べて従わせる。また場合によっては、自分の意見を抑えて、奥さんの意見に従うことは大事である。

また、両方がお互いの立場の間違いを認めあって、ともに引き下がるということも大事であろう。それが「人境倶奪」である。ここで採り上げられているのは、第四番目の「人境倶不奪」は、ともに相手の意見を採り入れ、二人でよく相談して、より建設的な方法を採るという、いわば生活を共にしている者同士としては、好ましいやりかたである。

表題の語は、そういう第四のやり方に対して、道吾和尚が付けた禅語である。意味は、長いあいだの日照り続きでうんざりしながら旅をしていたところ、久し振りの夕立があって、やれやれと雨宿りをしていたら、なんと駆け込んできた旅人は、旧知の親友であったと、二重の歓びを示したものである。夫と妻もそういう歓びを共にしたいものではある。

言うは易いことであるが、長年の生活を共にしていると、お互いに引き下がれない意見の衝突もある。これが第三の「人境両倶奪《にんきゅりょうぐだつ》」で、両方とも立つ瀬がない。しかし「雨降れば地固まる」ということもあるから、これも捨てたものではなかろう。

わが心は秋月に似たり

—月、中秋に到って満ち、風、八月従《よ》り涼し—（『宏智広録』巻一）

唐の禅者、宏智正覚《わんししょうがく》和尚（一〇九一～一一五七）が、「仲秋になると、さすがに月はいっそう美しく、風もまた八月に入って余程涼しく気持ちがいいものだ」と詠われた一句。

自然を友とする禅僧は、自然の移ろいの中に自分の心を見て、楽しんでいる。それだけに禅僧ほど、自然の移ろいを敏感に感じとる人間もいないのではないかと思われる。『無門関《むもんかん》』の十九則「平常是道《へいじょうこれどう》」の頌《じゅ》に、無門慧開《むもんえかい》（一一八三～一二六〇）は次のように詠っている。

春花有り、秋月有り、
夏涼風有り、冬雪有り。
若《も》し閑事《かんじ》の心頭《しんとう》に掛かるなくんば、
便《すなわ》ち是れ人間の好時節。

宏智和尚の流れを汲む永平道元《えいへいどうげん》（一二〇〇～一二五三）にも、「本来の面目」（真実の自己）と題する、同じ趣旨の歌がある。

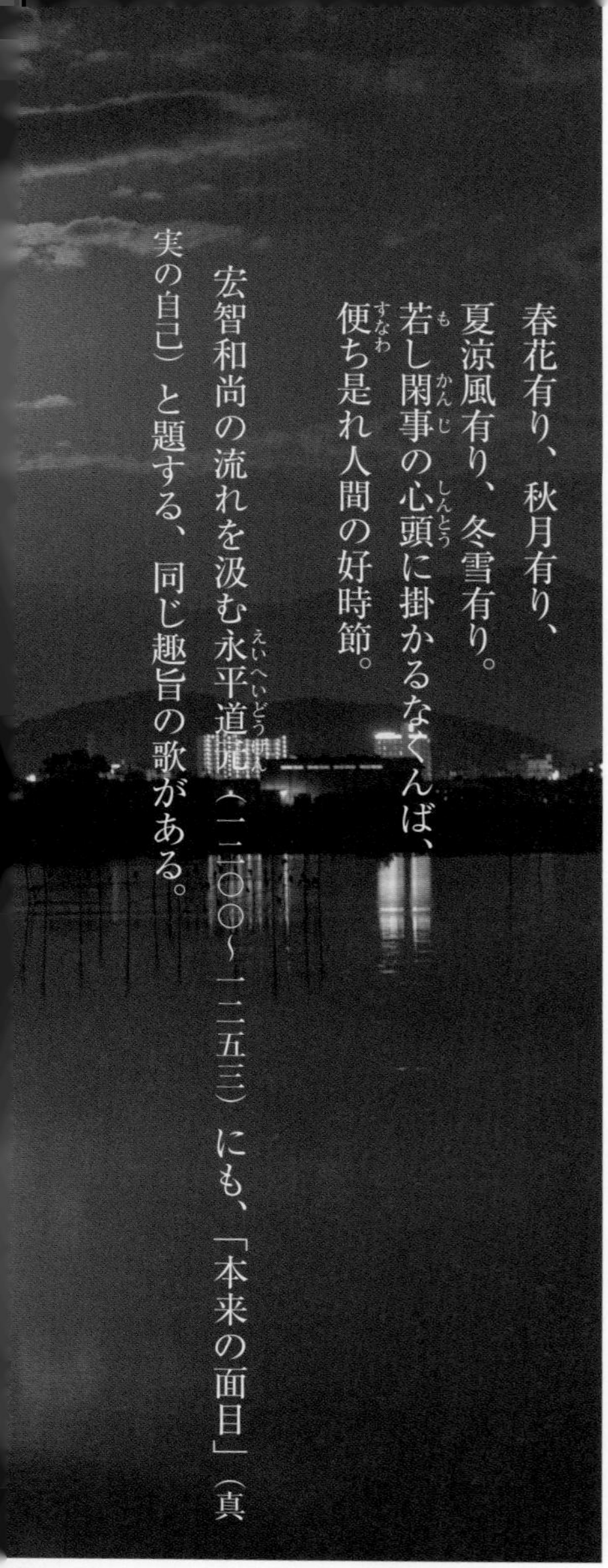

春は花　夏ほととぎす　秋は月　冬雪さえて　すずしかりけり

道元にとって自己とは大自然であり、大自然がそのまま自己の内容であって、自然と自己とはひとつのものである。そういう人にとって、自然は客観的世界のことではなくて、そのままが自己自身である。

焦げつくような暑い真夏の昼下がりは、そのまま茹《ゆ》だるような自己の心である。そういう苦しい状況の中へ一陣の風が吹いて、秋の到来に気づかされる。仰ぎ見ると中天に、早や秋の名月が輝いている。思わず澄みゆくわが心を仰ぎ見るような気持ちになるという心の賛歌であろう。

長命か短命か、それは仏まかせ

―日面仏《にちめんぶつ》、月面仏《がちめんぶつ》―（『碧巌録』第三則、本則）

馬祖道一《ばそどういつ》和尚（七〇九～七八八）が病気で休んでおられた。あるとき監院《かんいん》（道場の監督の僧）が、「老師、お具合は如何ですか」と聞くと、「日面仏、月面仏」と答えられたという話。

「日面仏」というのは一千八百年も生きるという長寿の仏さん。これに対して「月面仏」はたった一日一夜を生きる短命の仏さんであると『仏名経』巻七に出ている。馬祖和尚に言わせると、寿命は長い短いの問題ではない、ということであろうか。

お釈迦様は、人生の中身は「生老病死《しょうろうびょうし》」の苦しみでしかないと説かれた。そうなるとさすがの馬祖和尚も、病には勝てなかったのであろう。それでこそ人間というものだ。この点に於いては、人間の偉い、偉くないはまったく関係がない。

人間の偉さは、どのように

病み、どのように死んでいくかに掛かっている。これは一人ひとりに課せられた人生上の大問題であり、禅僧といわれる人は昔から、そんなことを課題として生きてきたものらしい。「坐《ざ》脱立亡《だつりゅうぼう》」などと言って、坐禅の姿で死んでいったり、あるいは行脚の装束を付け立ったまま死んでいくことを、禅僧の理想としているが、実際にはそんな芸当は、吾人の如き凡僧には、及びもつかない話である。

というわけで、馬祖和尚もまた病床に横たわっておられた。それでも弟子が、「お具合は如何ですか」と聞くと、「日面仏、月面仏」などと答えて、徒弟教育だけは忘れていなかったのであろう。ではいったい馬祖和尚はこの場合、どういうことを教えているか、これが問題である。馬祖和尚は、病気で床に臥しているこの自分は、「一八〇〇年の長寿を生きた仏さんと、一日しか生きなかった短命の仏さんを、一つにしたようなものじゃ」と言われたのである。

馬祖和尚にとって問題は、どうして命を永《なが》らえるかとか、こんなことなら一日も早く死んだ方がよいとかいうことではなく、ただ今を生きているだけだということであろう。一切の邪念を捨てて、ただこうして吸う息、吐く息さえしておれば、有り難いことに、長生きの日面仏さんと、短命の月面仏さんとが、二人も同居しておられるのだ、というのである。無理に命を延ばそうとしても駄目、早く死んでしまいたいと思っても駄目。一切は閻魔さまにお任せというところであろうか。

Ⅵ 自然に生かされて

髪一筋に、宇宙が宿っている

―百草頭辺、遊戯《ゆげ》するに任《まか》せ、一毛頭上に乾坤《けんこん》を定《お》く―（『人天眼目』巻一）

さまざまな草花が風に揺れている。私のこの髪の毛一本の上にも、天地宇宙が宿っているじゃないか、ということ。

お釈迦さまは生まれ落ちるや、一指は天を指し、一指は地を指して、「天にも地にもわれ一人尊し」（天上天下《てんじょうてんげ》、唯我独尊《ゆいがどくそん》）と宣言されたと伝えられている。四月八日の降誕会にどこのお寺でも、甘茶の桶の中に立てる誕生仏は、その時のお姿を示した金仏で、今でも国中の子供たちに親しまれているであろう。『法句経』のなかに、

人の生を受くるは難し、死すべきものの、なお命あるは、有り難し

というのがある。ほんとうにお釈迦さまが説かれたように、この世界中には、動植物も含めてさまざまな多くの命があるなかに、人間として生まれたことは、海岸で爪の上に掬い上げた砂ほどに希少なものなのだ。

しかし、実際に、人間であることがなぜそれほどに尊いのか、ということを自覚している人は、ほとんどいないと言ってよいであろう。みんな人間の親から生

まれたのだから、人間であることは当たり前だ、と思っている。
しかし改めて静かに坐禅でもして心を落ち着けると、自分は人間なんだということ、髪の毛一筋も、この天地いっぱいの賜物であるということが、今更のように思われてくる。そして改めて自分と宇宙との一体感を感じるのではないか。

しかし恐るべきことに近世いらいの人間は、科学というものを思いつき、その力によって、周りの大自然を思うように操り、なかんずく、この自分の身体にさえメスを入れ、神の創造に立ち向かおうとする。お釈迦さまはもとより、古代から中世にかけて生きた人たちは、自然に抱かれ、自然を拝んで生きていたのだ。人間自身を大自然の一部として自然に抱かれて生きていたのである。それこそこの髪の毛一本のなかにも天地が宿っていると考えていたのだ。羨ましい話ではないか。

心は水に映る月の影

―吾が心は秋月《しゅうげつ》に似たり、碧潭清《へきたんきよ》うして皎潔《こうけつ》―（『寒山詩』）

『寒山詩』の初めの方にある有名な詩の起句で、詩の全体は次の通り。「吾が心は秋月に似たり、碧潭に清うして皎潔。物として比倫《ひりん》するに堪《た》うる無し、我をして如何《いかん》ぞ説かしめん」。私の心は、秋の月が澄み切った池に映っているように白くて清らかだ。この心に比べるものがどこにあるというのか。こんな心をどのように表現したら良いものだろう、というほどの意味であろう。

寒山（生没年不詳）の澄み切った心など、察することもできない者が、そんな訳し方をすることじたい畏れ多い話ではある。自分の心は仲秋の名月のようだと言うが、そんな月が池に映っている。「碧潭」を辞書で見ると、「水が深くて青々と見えるふち」とある。眺めるだけで自然に気持ちが澄んでくるような情景である。言うまでもなく、これは情景の描写ではない。寒山自身が、自分の心はそのようなもので、こればかりは他人に伝えられない、と言うのである。

そう言えば誰かの歌に、

映るとも　月も思はず　映すとも　水も思はぬ　広沢の池

というのがあった。これは月と池の水が一体になった無心の様子を、羨ましくも眺める人の心を詠んだものであろう。いうまでもなくこの詩は、自然に托した叙情詩である。

寒山の場合も、「吾が心は」と言って、自分の心はこうだと詠っているのである。ではどうすれば、寒山のような清らかな心になれるのだろうか。彼は自分のそういう心は、物に喩えることができない、と言っている。

物には誰が見ても美しいなあと、心の洗われるような物もあるわけだが、寒山は、自分のこの心は、どんなものとも比べることができないと言うのである。つまり寒山の心は、綺麗とか汚いとかいう物の表われとは、関係がないのであろう。私たちはふつう、美しいものを見ると心が洗われると言い、汚いものを見ると心が穢れると言う。しかし寒山の心は、そういう自分中心にして善悪美醜を区別し、取捨選択するような俗心ではなかろう。

寒山の心は鏡のように、それ自身は何の価値も持たない「無心そのもの」であったに違いない。じっさい鏡というものは、前に来るものは何でも映すのである。それは鏡自身が「無心」だからである。私たちもまた、寒山のような心になりたいものではないか。

雨だれの音を聴け

―鏡清の雨滴声―（『碧巌録』第四十六則、本則）

鏡清道怤《きょうせいどうふ》和尚（八六八～九三七）が僧に、「門の外の音は何だ」と問われると僧が、「雨だれの音でございます」と答えた。すると和尚が、「皆なは自分を見失って、物を追うんだなあ」と言われた、という話。

そう言えば『楞厳経《りょうごんきょう》』巻七に、「一切の衆生は悠久の昔から、自分の本心を見失って、物に引っ張り回される」とあり、『華厳経《けごんきょう》』にも、「真性に迷い已《おわ》って、前境の物を逐《お》う」と、ちゃんと説いてある。この話を道元《どうげん》禅師（一二〇〇～一二五三）は、

聞くままに　また心なき　身にしあれば　おのれなりけり　軒の玉水

と詠っておられる。また『禅林世語集《ぜんりんせごしゅう》』という禅僧必携の道歌集にも、

耳に見て　眼に聞くならば　疑わじ　おのずからなる　軒の玉水

と、同じ趣旨の歌がある。

要するに、自分と雨だれの音は別々であってはいけない。そのためには、自分というものを捨てて掛からなければならない、ということであろう。近いところではあの種田山頭火《たねださんとうか》（一八八二〜一九四〇）にも、「雨だれの音も年とつた」というのがあって、これもよく知られている。

雨が降って托鉢に出られない山頭火が、今日は庵の縁先で一人淋しく雨を眺めていたのであろうか。そして雨だれの音を聴くにつけ、自分だけじゃなく、雨だれだって自分と同じように年寄ってしまったじゃないか、と詠ったのである。山頭火にとって、雨だれは、そのまま自分のことであったのだ。

僧が「己れを見失わずということは、どういうことですか」と尋ねると、鏡清和尚はこの僧に向かって、「出身は猶お易《やす》かるべくも、脱体《だったい》に道《い》うは還《かえ》って難《かた》し」と答えている。自分をすてるということはまだしも易しいが、そういう自分をありのままに表現することこそが難しいのだ、ということであろう。

寒いときは寒さで、熱いときは熱さで凌ぐべし

―寒き時は闍梨《じゃり》を寒殺《かんさつ》し、熱《あつ》き時は闍梨を熱殺《ねっさつ》す―（『碧巌録』第四十三則、本則）

ある僧が洞山良价《とうざんりょうかい》和尚（八〇七～八六九）に向かって、「寒さや暑さが来たら、どのように避けたらいいでしょうか」と問うた。すると洞山は、「どうして寒暑の無いところへ行かないのか」と答えた。僧が、「寒暑の無いところとは、どんなところですか」と問うと、洞山は「寒い時にはお前を満身の寒さとなって寒さで殺せ。暑いときには暑さになりきれ」と答えられた話。

私の少年時代には、まだ扇風機もなければ、もとよりエアコンなどという有り難いものもなかった。まさに逃げようの無い暑さであり、寒さであった。せいぜい団扇《うちわ》で扇《あお》いだり、暖炉や火鉢で暖を取ったものだ。だから夏は汗びっしょり、冬はブルブルと震えていたものである。それでも、それが当たり前で、かえって涼しすぎる夏や、暖かすぎる冬は、みんなが異変として気味悪がったものだ。

時代が変わって今日では、科学のお陰で冬も暖かく、夏も涼しく過ごせることになって、かえって昔人間の私などには、季節感がなくなった現代が、空しく思えるくらいである。

古歌に、

寒熱の　地獄に通う　茶柄杓《ちゃびしゃく》も　心なければ　苦しみもなし

というのがある。煮えたぎっている茶釜からお湯を掬《すく》い取るお茶席の柄杓《ひしゃく》は、熱いとも寒いとも言わないではないか。それは柄杓が無心だからだ、というのである。

そう言えば、『碧巌録』第四十三則の評唱に、黄龍《おうりょう》の死心悟新《ししんごしん》和尚（一〇四三〜一一一四）の語として、「安禅は必ずしも山水を須《もち》いず。心頭滅却《しんとうめっきゃく》すれば、火も自《おの》ずから涼し」と言うのが見える。

テレビで夏の高校野球を観ていると、試合に夢中の選手たちは、あの炎暑の下で、周囲は団扇を扇ぐ観客に囲まれ、汗ダラダラ流しながら、ものともせずに試合を続けている。あれが熱殺というものかと思うと、冷房の部屋で観戦している自分が、恥ずかしくなってくる。

晴れて好し　曇りても好し　不二の山

—日々《にちにち》是《こ》れ好日《こうにち》—（『碧巌録』第六則、本則）

雲門文偃《うんもんぶんえん》和尚（八六四～九四九）が門人たちに問われた。「過ぎたことは言わない。これからどう過ごすかだ」と。そして自分で言われた、「毎日毎日が結構な一日だ」と。

誰でも知っている有名なことばである。雲門という人は若いとき、睦州道明《ぼくじゅうどうみょう》和尚（生没年不詳）に参禅しようとして、二回訪ねたが、いつも拒否された。それで今度こそと門を敲《たた》いた。開いた瞬間飛び込むと、いきなり睦州和尚が、「お断わり」と門を閉めた。すると門に挟まれた雲門の脚が折れた。その途端に雲門は悟りを開いたという。「雲門折脚《うんもんせっきゃく》」として伝えられる逸話である。余談だが、京都大徳寺の開山、宗峰妙超《しゅうほうみょうちょう》禅師（一二八二～一三三七）は脚が不自由であったので、人々から雲門の再来と仰がれたという。

雲門和尚に、「毎日毎日が好日だぞ」と言われても、そう晴れたお天気の日ばかりではない。すると、どしゃ降りの日もまた好日、と言うわけであろうが、われわれ凡俗な人間にとってみれば、雨の日は傘の要る嫌な日である。それもまた「好日《こうにち》」だとなると、これはいったいどういう意味なのであろうか。

白隠禅師の歌に、「晴れてよし　曇りてもよし　不二《ふじ》の山　元の姿は　変わら

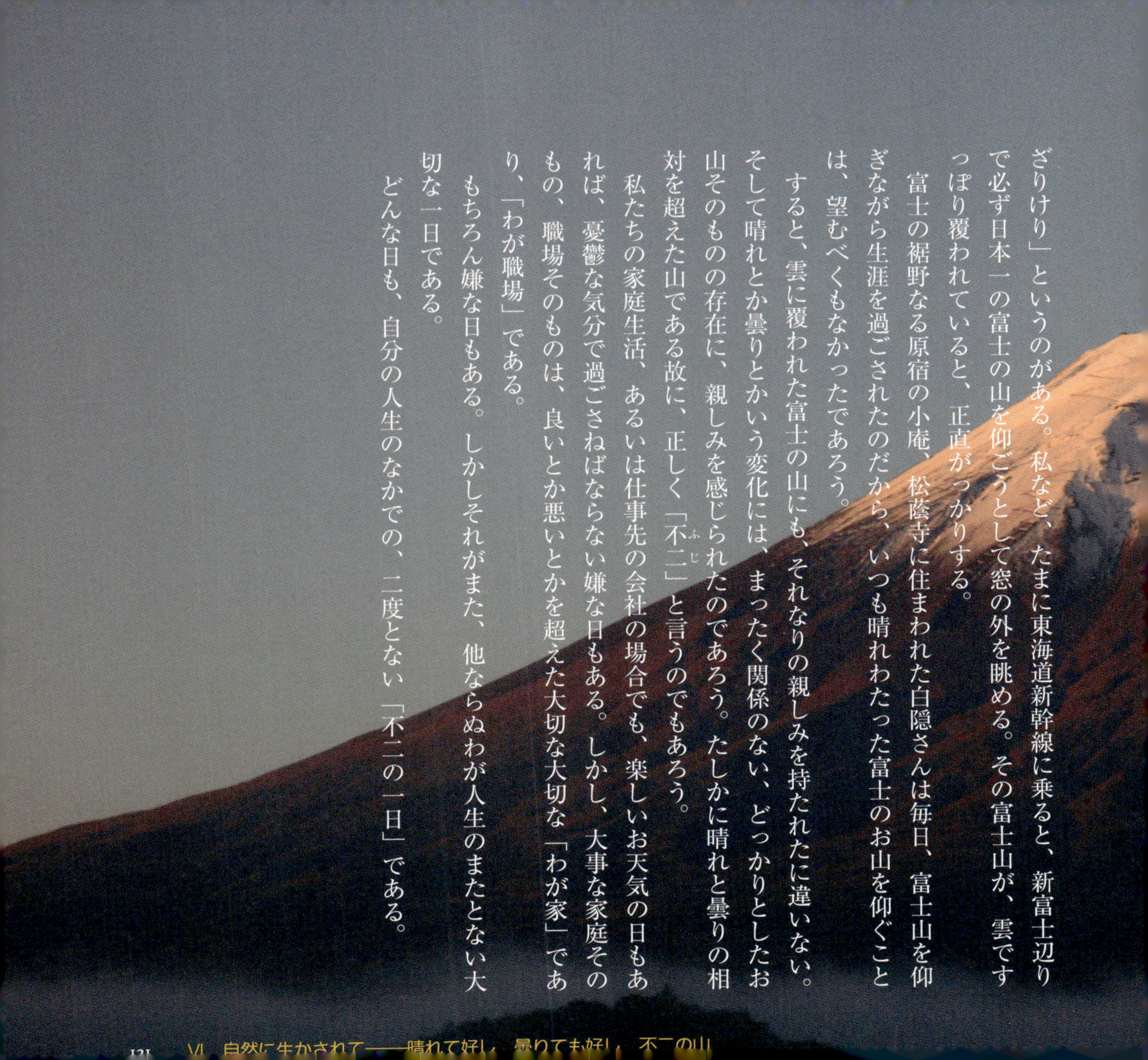

ざりけり」というのがある。私など、たまに東海道新幹線に乗ると、新富士辺りで必ず日本一の富士の山を仰ごうとして窓の外を眺める。その富士山が、雲ですっぽり覆われていると、正直がっかりする。

　富士の裾野なる原宿の小庵、松蔭寺に住まわれた白隠さんは毎日、富士山を仰ぎながら生涯を過ごされたのだから、いつも晴れわたった富士のお山を仰ぐことは、望むべくもなかったであろう。

　すると、雲に覆われた富士の山にも、それなりの親しみを持たれたに違いない。そして晴れとか曇りとかいう変化には、まったく関係のない、どっかりとしたお山そのものの存在に、親しみを感じられたのであろう。たしかに晴れと曇りの相対を超えた山である故に、正しく「不二《ふじ》」と言うのでもあろう。

　私たちの家庭生活、あるいは仕事先の会社の場合でも、楽しいお天気の日もあれば、憂鬱な気分で過ごさねばならない嫌な日もある。しかし、大事な家庭そのもの、職場そのものは、良いとか悪いとかを超えた大切な大切な「わが家」であり、「わが職場」である。

　もちろん嫌な日もある。しかしそれがまた、他ならぬわが人生のまたとない大切な一日である。

　どんな日も、自分の人生のなかでの、二度とない「不二の一日」である。

山は山、水は水、ただそれだけ

―和尚子《おしょうす》、妄想《もうぞう》すること莫《なか》れ。天は是《こ》れ天、地は是れ地。山は是れ山、水は是れ水。僧は是れ僧、俗は是れ俗―（『碧巌録』第六十二則、本則評唱）

陸亘大夫《りくこうたいふ》（七六四～八三四）という居士が、南泉普願《なんせんふがん》和尚（七四八～八三四）と話していたとき、陸亘が、「昔、肇法師《じょうほっし》が〝天地、我れと同根、万物、我れと一体〟と言われたそうですが、凄い言葉ですね」と言った。すると南泉和尚は庭先の花を指さし、陸亘大夫に向かって、「この頃の人たちは、あの花さえ、まるで夢のようにしか見ていない」と言われたという話に、圜悟《えんご》和尚が付けたコメントである。

まず、「自分と世界とは、本来一つの根から出たものだ。だからすべて存在するものは、この自分と一つのものだ」という考えは、キリスト教の「汎神論《はんしんろん》」の説くところとさえ同じであるように見える。しかし、ふつうわれわれは、庭に咲いている綺麗な花と、それを眺めて楽しむ自分とは、別物だと考えている。

言うまでもなく、主観と客観が二元対立して向かい合っていなければ、認識さえ成り立たない。鏡を見るときでも、自分が鏡から離れているから見えるけれども、鏡にぴったり顔を寄せつけたら、もう何にも見えなくなる。

だから人間は、周りのものを認識するとき、自分は対象物から離れて物を見る

のである。しかし南泉和尚に言わせると、「そんなのはまるで、夢でも見ているようじゃないか」と言うことになる。

では、どうすれば物の真実を夢のようにではなく、はっきりと「山は山、水は水」というように、ありのままに見ることができるのだろうか。禅語によくある「柳は緑、花は紅《くれない》」というのも、同じである。こういう語を聞くと誰でも、禅僧はなんという当たり前のことを言うのか、と訝《いぶか》しく思われるであろう。

実は禅語には、その前の前提になる一句があるのだ。「山は是れ山、水は是れ水」ということが言えるためには、一度しっかり坐禅をして、「山は是れ山に非ず、水は是れ水に非ず」というような、意識絶滅の「根源的な体験」を通ってこなければならないと言うのである。

道元《どうげん》禅師（一二〇〇〜一二五三）でさえ、「眼横鼻直《がんのうびちょく》（眼は横、鼻は縦）」ということがわかるために、わざわざ中国まで出掛けて苦労されたではないか。

竹には節あり、松は古今の緑

―竹に上下の節《ふし》有り。松に古今の青《いろ》無し―（『五灯会元』巻十八）

ある僧が大潙《だいい》祖《そ》瑃《しゅん》和尚（生没年不詳）に向かって、「いかなるか是れ潙山の宗風」と尋ねると、「竹に上下の節有り、松に古今の青（色）なし」と答えられたという話。

「老師の道場では、どのように禅を説いておられるか」と問うているのに、「竹

には節があるが、松はいつみても青いよ」という答え。これでは尋ねた僧は何のことやらわからなかったので、「和尚さんは、毎日何を食べ何を飲んでおられるのですか」と問い直すと、「腹が減ったらキラキラ光る米の飯を食べ、喉が渇いたら倉の前で摘んだお茶を頂いております」という答えであったという。

そんなことがインドから達磨の伝えた禅であったのかと、この僧は度肝を抜かれたであろう。そんなことなら、この自分の毎日の生活と同じではないかと思ったであろう。しかしその同じ事が、実は同じでないのだから禅は恐いのである。

つまり、毎日、飯を食ったりお茶を飲んだりしていることは同じで、松の葉が一貫して青いようなものだということ。しかし、同じ飯、同じお茶でも、どんどん歳寄っていく自分にとって、その都度新しいものを食べたり飲んだりしているわけで、ちょうど竹にはっきりと上下の節があるようなものだ、というわけであろう。

確かにわれわれも、毎日、朝起きたら顔を洗い、同じ家族と向き合って食事をし、電話の応対をしたり、テレビを見たりして、かなりマンネリ化した生活をしている。まさに松に古今の色なしであろう。そのため、竹に上下の節ありというような、メリハリの効いた暮らしをしていないのではないか。

あのギリシャの哲人ヘラクレイトスが、「二度と同じ川の水で、脚を洗うことはできない」と凄いことを言っているが、よく考えればわれわれは、生涯に二度と同じ飯を食い、同じお茶を飲むことはできないのである。飯もお茶も、その都度初めてのものであり、何よりまず、それを食べ、それを飲んでいるこの自分が、もはや昨日と同じ自分ではないのだ。心すべきことではないか。

美しい上にも美しい風景

―清風明月を払い、明月清風を払う―（『人天眼目』巻一）

この有名な語は、『人天眼目』巻一の「照用問答《しょうゆうもんどう》」に、黄龍《おうりょう》の死心悟新《ししんごしん》禅師（一〇四三〜一一一四）の語として出ている。「照用」は臨済の用いた言葉で、物の本体を照《しょう》と言い、そのはたらきを用《ゆう》と言う。臨済は本体とはたらきの関係を四つに分けた。これを「四照用」という。そのうちの「先照後用」に対して黄龍は、「清風、名月を払う」と言い、「先用後照」に対して「名月、清風を払う」と付けたもの。

専門的な言葉の詮索はやめよう。ここではただ、あまりにも美しい秋の夜の風景を思えば良いであろう。秋の夜の名月は、もともと美しい（先照）。そこへ涼しい風が吹いてきたのだから、一層美しい。それが清風のはたらき（後用）であろう。反対に清風が吹いて名月を払い浄めたのだとすると、はたらきの方が先にあって、本体を美しくしたのだとも言える。どちらが先かとなると、本体とはたらきは同時だとも言える。だから臨済は「照用同時」とも言っているのである。

ここに一組の夫婦があるとする。誰に言わせても、あの二人は素晴らしいと評判が良い。さて旦那はもともと好い男だが、嫁さんを貰ってから、もっと好い男になったと言われれば、それはやって来た奥さんの力が加わったからだ、ということになる。

いや、二人はもともとそんなに素晴らしい男と女ではなかったが、結婚した途端に二人とも素晴らしい人になったのだ、と言うと、それは相性が好かったからだとなる。これを先用後照としたらどうだろう。

私は、夫婦というものは、足し算ではなくて掛け算だと思っている。かけ算だから、1×1＝1である。足し算だと、1＋1＝2で、一人が死んでも1が残る。これは本当の夫婦ではない。夫婦は掛け算だから、一人が死ぬと1×0＝0で遺された方も0になってしまう。

夫と妻ではしっくりしない。夫の妻、妻の夫と言うと、二人のあいだに隙間がない。

これこそ臨済の言う「照用同時」ではなかろうか。そういう関係であれば、先照後用とか先用後照とかいう、ややこしい話もすっ飛んでしまうのではないか。

雲の行く如く、水の流れるように

—行《こう》雲《うん》流《りゅう》水《すい》— （『宋史』蘇軾伝）

もともとこの語は、蘇軾《そしょく》（蘇東坡《そとうば》、一〇三六～一一〇一）が自分で言った言葉だという。彼は言う、「私が文章を作るのは、まるで雲や水の流れるように、行くところへ行き、立ち止まるときは、立ち止まるだけだ」、と。

禅宗では、道場で修行している修行僧のことを「雲水《うんすい》」と言うのをご存じであろう。彼らは雲のごとく水の如く、自由に往来するからだというのが普通の解釈である。もう一つの解釈は、彼らは高い山に雲が集まり、深い海に水が集まるように、立派な老師のいるところへ集まってくるからだという。

確かに禅宗では、修行者にとって師を撰ぶことは、もっとも大切なこととされる。学校で知識を学ぶ場合は、生徒が先生を撰ぶ権利はない。先生の方も文部省検定の教科書に沿って知識を切り売りすればよいのであるから、自分の人格などいわば二の次であろう。

それでも中には評判のよい先生と、そうでない先生とがあって、その影響は子供たちの生涯に及ぶのであるから、よほどの人格を必要と

するわけだが、今日そんなことを考えている先生は、滅多にいないように思われる。

禅の修行の場合、遊方行脚《ゆほうあんぎゃ》と言って、修行者がよき師を求めて歩くのであるから、自分の方に師を選択するだけの眼力がなければ、一生を棒に振って出家した甲斐がないことになる。これをわざわざ「行脚《あんぎゃ》眼《がん》」といって尊んでいる。「こんな老師は駄目だ」と見抜いたら、さっさと引き返して山を降りてしまうのである。『十牛図《じゅうぎゅうず》』の第一図「尋牛《じんぎゅう》」にも、次のように頌《うた》っている。

茫々《ぼうぼう》として草を撥《はら》い、去《ゆ》いて追尋《ついじん》す。
水闊《ひろ》く、山遙かにして路更に深し。
力尽き神《しん》疲れて、覓《もと》むるに処無し。
但《た》だ聞く、風樹《ふうじゅ》に晩蝉《ばんぜん》の吟ずるを。

天地一杯に生きる

─行きては到る水の窮《きわ》まる処、坐しては看る雲の起こる時─（『圜悟語録』巻一）

『圜悟語録』の二に、「忽然《こつねん》として化城《けじょう》を踏破するとき如何《いかん》」という問いに対して答えた圜悟克勤《えんごこくごん》禅師（一〇六三～一一三五）の語である。同じ語は既に『三体詩』王維（六九九～七六一）に見えるらしい。「化城」とは、悪路を通って宝処に行こうとする隊商の指導者が、疲れた隊員を休めるために作った幻の城を言う。『法華経』化城喩品に見える喩え。

表題の語は、まさに幻から覚めて知る、真実の在処《ありか》を言い当てたものである。水の窮まる処とは流れる川の根源であり、雲の起こる時は雲の湧き起こる瞬間ということである。

われわれ凡人に見えている世界は、まさに化城であり、夢幻のような世界であるが、そうかといって真実の世界が別に在るわけでもなかろう。

要するに、夢を見ているか、夢から覚めているかの違いでしかない。

われわれは毎日毎日を、ただぼんやりと生きているが、それはまるで幻の城にいるようなものである。いちどそんな幻のような世界から目覚めてみれば、どんな世界が開けるのだろうか。

圜悟に言わせれば、真実の世界に生きる人にとっては、行動する時も、静かに坐っていても、常に世界がそこからでき上がっているところの、「根源に」於いて生きている、ということであろう。

絶え間なく水の流れることを「時間」とすると、確かにわれわれは時計を眺めながら、時間に追われて毎日を送っている。そして、時間の本質である瞬間性（無常）と一回性（繰り返さない）と、一方向（戻らない）に気づいているような人は、ほとんどいない、と言っていいであろう。

われわれ人間を取り巻いているこの周りの世界を見るときも、われわれの眼は、まるでこの世界はいつまでも同じように存在している、と勘違いしているのではないだろうか。そうとすれば、それこそまさに人間の妄想というべきものであろう。仏陀の説いたように、世界はただ縁によって仮に存在しているに過ぎないのに、われわれはそれがいつまでも同じ状態で続いていくと思い違いしているのではないか。絶え間なく消えゆく雲の起こる根源を見抜くためには、やはりいちど「静かに坐ってみる」ことが必要なのであろう。そこから再び起ち上がって日常生活に戻れば、初めて流れて止まぬ水の真実に気づくことができるのであろう。

Ⅶ 頼れるものはこの自分でしかない

ここに坐っている、この自分こそ

―独坐大雄峰《どくざだいゆうほう》―（『碧巌録』第二十六則、本則）

唐の時代に百丈《ひゃくじょう》懐海《えかい》（七四九〜八一四）という禅僧があった。禅僧の修行生活規則である『百丈《ひゃくじょう》清規《しんぎ》』を制定した人である。この百丈和尚に、ある修行僧が、「世の中でいちばん素晴らしいことは、どのようなことですか」と問うた。すると百丈は、「この深い山のなかに、こうして独りでどっかりと坐っていることだ」、と答えられた。これはいったいどういう意味なのかというのが、禅の修行者に与えられる問題である。

つまり人間として生まれてきたこの自分にとって、世の中でもっとも素晴らしいことは、何かとわざわざ探しまわることなどないのだ。そう、人間として生まれてきたこの自分がなければ、すべては始まらないからである。こんなことほど「素晴らしい事実」があろうかと、百丈和尚は誡められたのである。

そういえばお釈迦さんは、生まれ落ちると天と地を指さして、「天にも地にも、唯だわれ独り尊し」と宣言されたじゃないか。これが仏教の根源である。じっさいこの自分が生まれてこなければ、そもそも世界なんぞありもしないのだ。

われわれは誰でも、自分ほど尊いものはない、などと考えている人は、一人もいないであろう。むしろ自分ほど詰まらない人間はない、と自覚しているのが普

通である。自分ほど尊いものはない、などと言ったら、それこそ噴飯物であろう。

　だからこの修行僧も、世の中にいちばん素晴らしいものは何かと求めて、わざわざこの奥深い百丈山まで登ってきたのである。

　それで百丈和尚に、「この世界でいちばん素晴らしいもの（奇特の事）は何ですか」と訊ねた。すると意外にも、それは「今ここに、こうして坐っている自分じゃないか」と答えられたのである。
　これを聞くとどんな人も、世界中でいちばん素晴らしいのは、こんなつまらない自分が、今ここにいるだけのことなのかと、訝《いぶか》しく思われるであろう。それでは一度、自分で自分の頬を抓《つね》ってみるがいい。ああ痛いのは、世界にただ独りこの自分だけだ、ということがわかる。そして、自分というものが他に代えがたい「奇特の事（素晴らしいこと）」であることが、心から納得できるであろう。
　あのカール・ブッセの「山のあなた」を読むと、「幸い」は山の彼方にあると人が言うので、遠くまで求めて行った。だが、何もなかったので涙しながら帰ってきた。しかし、「幸いは山の彼方のもっと遠くにある」と人が言う、とある。するとこの「なお遠く」とは、実はわが脚下のことだったのである。

他人の弓、他人の馬で人生は渡れない

―他の弓は把《と》ること莫《なか》れ、他の馬には騎《の》ること莫れ―（『大慧語録』巻十九）

大慧宗杲《だいえそうこう》禅師（一〇八九～一一六三）が門人に示した語である。この語に続いて、「他人の事を知る莫《な》かれ、此《こ》れ常言と雖《いえど》も、また入道の資糧と為すべし」とある。人の弓を借りて戦ったり、他人の馬に騎《の》って戦ったりすることがよくないことは、すでに世間の常識であろうが、特に禅坊主たることをもって自負するほどの者ならば、このことは特に銘記しておかねばならないことだ、という大慧和尚のご親切な教えである。

よく世間に、「他人《ひと》の褌《ふんどし》で相撲を取る」などと言われるが、これなどは表題の語と通じる箴言《しんげん》であろう。世間には、「他家《よそ》の牛蒡《ごぼう》で法事をする」というのがある。親の法事にご馳走をしようとして、牛蒡が足りないことに気づく。それでつい隣家に無心を言って貰ってきた牛蒡で、格好を付けようとする。これも人情ではあるが、あまり褒めた話ではない、ということか。

ことに禅僧たらんとする底《てい》の者ならば、他者との禅問答に挑む以上、他人の言った語を借りてきたのでは遅い。やはり自分の禅心から迸《ほとばし》り出たオリジナルな一句を相手にぶっつけるのでなければ、禅問答にはならない、ということであろう。

学者であるためには、常に学会に論文を発表することが必須の条件である。そのためにはまず、同じ課題を扱った先行論文を、隈なく読んでおくことが常識である。そのうちに、自分が考えていたことと同じ内容があれば、もう自分の論文は発表に値しない。なかには、黙ってそれを失敬してしまう人がある。言うまでもなく、他人の論文を受け売りしたのでは、自論のオリジナリティがなく、本人自身も面白くなく、誰が見ても評価に値しないのは、当然である。

にもかかわらず、あえて他人の論旨を使って頬被《ほおかぶ》りをする。いわゆる「剽窃《ひょうせつ》」という行為で、これが知れると、学者としては命取りになる。

大慧和尚によれば、「己事究明《こじきゅうめい》」（自己とは何かを追求すること）を本命とする禅僧にあっては、他人の説を借りて自己を標榜《ひょうぼう》するなど、あってはならないことなのである。

どんな手作りの弓であれ、どんな駄馬であれ、自分だけの持ち物によって実力を示すべきである。それでこそ禅者たるも者のもつ個性が、彷彿と発揮されるゆえんである。

善悪の基準は自分にある

―諸悪莫作《しょあくまくさ》、衆善奉行《しゅぜんぶぎょう》、自浄其意《じじょうごい》、是諸仏教《ぜしょぶっきょう》―（「七仏通戒偈」）

「諸々の悪を作《な》すことなかれ。諸々の善をなして、心を浄くせよ。これが諸仏の教えである」というこの教えは、迦葉仏《かしょうぶつ》の教えと伝えられるもので、お釈迦さま以前の過去の七仏が、一貫して受持したとされる戒めの偈《うた》である。

唐の昔、鳥窠道林《ちょうかどうりん》和尚（七四一～八二四）が高い樹の上で坐禅をしておられると、あの有名な詩人の白居易《はっきょい》（白楽天《はくらくてん》、七七二～八四六）がやってきて、「仏教はどういう教えですか」と尋ねた。すると道林和尚は「悪いことはしてはならぬ。善いことをせよ、ということだ」と答えられた。

「そんなことなら、三歳の子供でも知っているじゃないですか」と白居易が言葉を返すと、「そうだ、三歳の子供にわかる話であるが、八十の老翁でさえ実行することは難しいのだ」と言われたという、恐い話である。

道元禅師は『正法眼蔵』九十五巻の第十番目に、「諸悪莫作《しょあくまくさ》」と題して、この話について諄々《じゅんじゅん》と説いておられるが、まことに「言うは易《やす》くして、行なうは難し」と言うべきである。

仏の教えとはそんなに易しいものだったのか、と白居易は秘かに思ったであろう。すると頭の上から鉄槌が下ったのである。仏教というのは、子供でも知っているような当たり前のことである。それが「仏法に不思議なし」と言われるゆえんであろうが、実際となると、老人でさえなかなか実行できないとは、まことに情けない話ではないか。

筆者もようやく余命数年という老爺になったが、悪いことはしないで善いことをしてきたかと反省すると、恥ずかしくて隠れたくなる。これでは仏教とは何かさえ知らないままにあの世行きかと思うと、坊主として一生を送ったことが恥ずかしい。

しかし、たとえ遅きに失しても、「善いことをして悪いことをしないのが仏教なのだ」と自省して、今から少しでも努力したいものだと思っている。

自由とは自分を見失わないこと

―自《みづか》ら瓶《びん》を携《たずさ》え去って村酒《そんしゅ》を沽《か》い、却《かえ》って衫《さん》を著《つ》け来《き》たって主人と作《な》る―（『羅湖野録《らごやろく》』上）

宋代の文人、黄山谷《こうさんこく》（黄庭堅《こうていけん》、一〇四五～一一〇五）の詩。自分で徳利《とっくり》を提げて地酒を買いに行き、帰ってくると衣を着て客をもてなすという、道人の自由なはたらき。しかも自分の主体性は決して失わないという、真実な人間のありようを述べた詩。

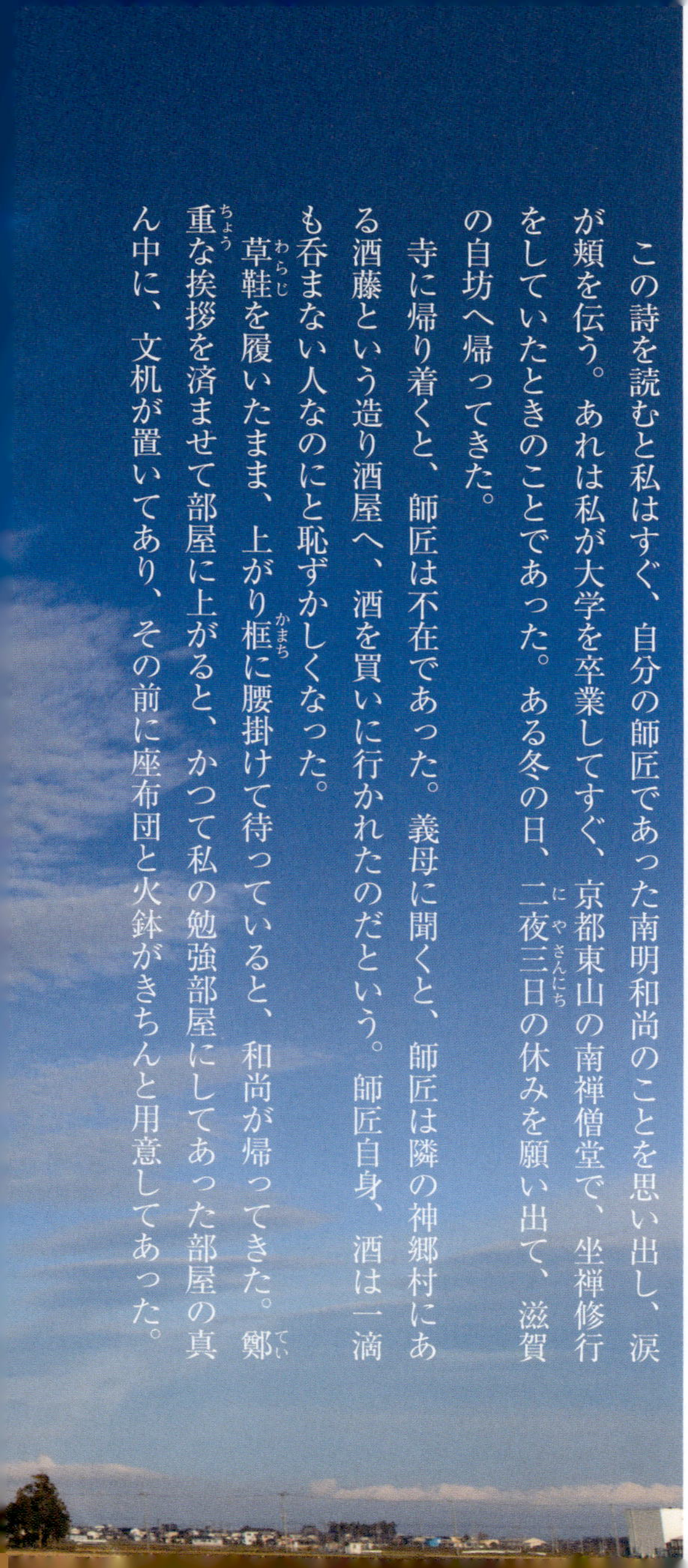

この詩を読むと私はすぐ、自分の師匠であった南明和尚のことを思い出し、涙が頬を伝う。あれは私が大学を卒業してすぐ、京都東山の南禅僧堂で、坐禅修行をしていたときのことであった。ある冬の日、二夜三日《にやさんにち》の休みを願い出て、滋賀の自坊へ帰ってきた。

寺に帰り着くと、師匠は不在であった。義母に聞くと、師匠は隣の神郷村にある酒藤という造り酒屋へ、酒を買いに行かれたのだという。師匠自身、酒は一滴も呑まない人なのにと恥ずかしくなった。

草鞋《わらじ》を履いたまま、上がり框《かまち》に腰掛けて待っていると、和尚が帰ってきた。鄭《てい》重《ちょう》な挨拶を済ませて部屋に上がると、かつて私の勉強部屋にしてあった部屋の真ん中に、文机が置いてあり、その前に座布団と火鉢がきちんと用意してあった。

火鉢の中には、私の帰りを待ち受けるように、こんこんと炭が燃えていた。すべて、道場から帰ってくる私のために、師匠が用意してくださっていたものであった。自分の若いときの修行生活を思い出し、私の帰山が待ち遠しかったのであろう。その日のことを私は、いらい一日も忘れたことがない。

間もなくお盆が近づくと、静岡県三島の龍澤僧堂から、修行中の孫息子の恵生が草鞋を履いて帰ってくる。今や隠居の身である私でさえ、その日が待ち遠しくてならない。酒は余り呑まない彼の帰山を、どのように歓迎するか。これが今の私に与えられた公案《こうあん》（禅探究の課題）である。

わが師南明和尚は、青二才の私の帰りに対し、自分自身の思いの丈《たけ》を発揮されたのである。それに比してこの自分に、今いったい何ができるのかと考えても、一向に名案らしきものが浮かばない。

そんなことを敢えて考えなければならないほど、この自分には自由なハタラキというものがないのであろうか。まこと恥ずかしき限りである。

智慧の光明で自分自身を照らせ

―回光返照《えこうへんしょう》―（『臨済録』示衆）

臨済義玄《りんざいぎげん》（？〜八六七）は修行者たちに向かって、「お前たちは今すぐ、回光返照して、自分自身に返り、絶対に外には何も求めず、この自己の身心こそ、祖師や仏と別物ではないと悟って、只今、この場で、〝無事《ぶじ》〟であれば、その時こそ法《ほう》（真理）を得たと言えるのだ」と説いた。

臨済くらい真実の自己ということを強調した禅僧もまたない。彼は本当の自己である「無位《むい》の真人《しんにん》」を捉《とら》えよと教えた。その真人の中身が、「真正《しんしょう》の見《けん》解《げ》」だという。

真正の見解とは、正しい自己理解とでも言えようか。自分とはいかなるも

のか、ということについて、揺るぎない自信を持っていなければ、「人惑《にんわく》」（他人に惑わされること）を受けるだけだと言う。「病は不自信《ふじしん》の処にあり」と、彼ははっきり説いている。

臨済から見れば、当代の修行者が駄目なのは、自分を信じていないからだという。これを臨済は「自信不及《じしんふぎゅう》」と言っている。誰でも自分を信じる力がないと、簡単に環境に引き回されて、大事な自分を見失ってしまう。自分の外に何かを求めようとする「馳求心《ちぐしん》」さえ捨てれば、直ちに祖師と同じような立派な人間になるのだ、と説いている。

ところで「自信」というと、人はいわゆる自尊心と混同するかも知れない。しかし、いわゆる自尊心は自信過剰につながり、周りの人たちから顰蹙《ひんしゅく》を買うことになる。

自信ということは自分を信じることであり、そのために自分をよく自覚することであるから、決して自尊心と同じではない。「自信」の中には、「身の程を知る」という謙虚さもなければならない。身の程を知っている程の人なら、他人に騙されたり、批判を受けたりすることはないであろう。私の師匠はよく、「馬鹿になれ」と教えてくれた。

言うまでもなく本当の馬鹿であってはならない。臨済が「回光返照」という場合は、自分の持てる光で自分を照らせ、というのだから、自分を照らすためには先行条件として、照らす光が自分の中になければならない。自分が無知であっては、かえって自尊心を増すばかりだからである。

自分の力を発揮せよ

―鶴は飛ぶ千尺の雪、龍は起《た》つ一潭《いったん》の氷《ひょう》―（『圜悟語録』巻二）

圜悟克勤《えんごこくごん》和尚（一〇六三～一一三五）は問われた。「さあ、自分自身の本性から外れないような一句を言って見ろ（且《しばら》く作麼生《そもさん》か是れ当処《とうしょ》を離れざる底《てい》の一句）」と。そして自分から、「鶴は飛ぶ千尺の雪、龍は起つ一潭の冰」と詠われたという話。

有名な禅語だから採り上げたが、これは圜悟が自分の持つ凄いはたらきを、みずから詠われたもので、われわれ凡人にはとうてい及びも付かない。自分のハタラキは、「鶴が千尺も積もった雪原を蹴破って飛び立ち、龍が一面凍り付いた淵を突き破って天に昇るようなものだ」という圜悟の自負である。

禅僧はこのように「自信」ということを大事にする。自信の無いことを「信不《しんふ》及《ぎゅう》」とか、「自救不了《じぐふりょう》」（臨済禅師の語）とか言って、禅の世界では落第である。自分だけが持っている揺るぎない「個性」こそ大切で、これさえも自覚し得ない人間は、自分自身さえ救うことができない「自救不了」の落第生だと言うのである。

その反対は「信得及《しんとくぎゅう》」であるが、言うまでもなくこれも、自信過剰ということであってはならない。自信過剰はいわば、ちっぽけな自分の殻に閉じ籠もろうとする自己満足にほかならないからだ。

千尺の雪を飛ぶとか、凍り付いた厚い氷を割って出るというような力を発揮する人間は、それまでにちっぽけなエゴの殻を破った者でなければならない。そういう人間には、時間空間の限定というものがないからである。

いわゆる底抜け人間とでもいうような、スーパーマンでなくてはならないのだ。

出されたものだけを頂けばよい

―茶に遇《あ》えば茶を喫《きっ》し、飯に遇えば飯を喫す―（『碧巌録』第八十則、本則評唱）

ある僧が趙州従諗《じょうしゅうじゅうしん》和尚（七七八〜八九七）に向かって、「生まれたばかりの赤ん坊は、眼耳鼻舌身意《げんにびぜっしんい》の感覚を具《そな》えていますか」と問うた。すると趙州和尚が、「急流の上で鞠《まり》を打つ」と答えた。「それはどういうことですか」と言うと、「一瞬一瞬とどまらないのだ」と言われた。表題の語は、この話に対して『碧巌録』の編者である圜悟克勤《えんごこくごん》（一〇六三〜一一三五）が、「禅僧たるものはどこに行っても、執着というものをしてはならない。ただその時その時に随って、自在でなければならないのだ」、と付けた語の最期の一句である。

キリスト教の『聖書』に、「赤子の心でなければ、天国に入れない」というのがあったように思う。生まれたばかりの純粋な人間の心を失ってはならない、ということであろう。「幼児は白き糸のごとし」という語もある。幼児は何色にでも染まるからと、こちらは子育ての大切さを誡めたものであろう。

そこへ行くとわれわれ大人は、もう虹のように何色かわからないほど、雑色混合である。お茶を出されても、できたらお酒を一杯頂けないですかなどと、勝手な所望をする。私の如き、せっかくの名物信州蕎麦を出されても、「すみません。

私は蕎麦アレルギーでして」などとお断りして、相手の好意を無にしてしまう。

だいぶ前のこと。ある日檀家の法事で久し振りに出逢った老人が、「私はこの頃、何を言われても腹が立たなくなりました。いよいよ仏さんに近づいた証拠ですなあ」と言われたので、私は即座に、「それはお爺さん、貴方は仏さんから遠くなられた証拠ですよ」とお言葉を返した。

言うまでもない。このお爺さんは今や、どんな結構な話にも前ほどに喜べなくなったに違いない。要するに感情が鈍ってしまったのである。仏は「大円鏡智《だいえんきょうち》」といって、大きな鏡の智慧である、と説かれている。

鏡の表面は空であるからこそ、何でも映るのである。このお爺さんのように悪いことがあっても腹が立たないのは、もはや鏡ではない。鏡が曇っていては、綺麗なものも、善いものも映らない。悲しい話ではなかろうか。

仏の顔を見たかったら、赤ん坊を見ることである。恐い顔を向けると、赤ん坊は泣き出す。にこにこして赤ん坊を見ると、赤ん坊はすぐにニコニコする。もう一度そんな赤ん坊に返ってみたいものではないか。

理屈はない、実践あるのみ

―他《かれ》は是れ脚《あし》実地を踏み、許多《そこばく》の仏法知見道理無し。時に臨んで応用す―（『碧巌録』第十七則、本則評唱）

表題の語は、もと宋の司馬光《しばこう》（一〇一九～一〇八六）の人となりを評したものとして、当時の人々に知られていたと言う。彼は不言実行派の人で、いささかも理屈を言う人ではなかった。時に必要あれば、少し口を開く程度であったという。さて、ある僧が香林澄遠《こうりんちょうおん》和尚（九〇八～九八七）に向かって、「達磨さんがインドからやってこられた目的はなんですか（如何なるか是れ祖師西来意《そしせいらいい》）」と問うと香林和尚は、「長いこと立たせてすまなかったなあ」とだけ答えたという話に対して、圜悟《えんご》がこの司馬光の讃辞を借りて付けたコメントである。

伝記によると、香林和尚という人は、雲門文偃《うんもんぶんえん》（八六四～九四九）の下で二十一年も修行し、ようやく悟ったという。他の修行者のようにあれこれ理屈を述べず、ただひたすら坐り抜いた人であったらしい。いわゆる「不言実行」の人であったのである。

言うまでもなく禅宗は「不立文字《ふりゅうもんじ》」（教理をあれこれ言わないこと）であって、その初めから坐禅と作務《さむ》（作業のこと）を宗旨の内容としてきた。にも関わらず今日、他宗にもまして多くの語録が遺されているのは、師の説法と、師と弟子の間に行なわれた問答《もんどう》商量《しょうりょう》の、記録の多きゆえである。

現代の日本は「一億総評論家の時代」だと言われるほど、みんなが意見を述べる。そのくせ、自分では何もしないのだから、議論はいつも非生産的な内容ばかりである。その風潮に乗って、私などは禅僧であることを忘れて、あちこちで理屈ばかり言い回っているのだから、黙って境内の草引きをしている田舎寺の老僧からすれば、噴飯物であろう。まことに恥ずかしき極みではある。

実際、私を徒弟として育ててくれた南明和尚の如きは、朝から晩まで暇さえあれば、境内の草引き三昧で、手の指先などいつも血だらけであった。まして禅などということはいっさい口にされなかった。それどころか、禅宗の本命である坐禅の仕方さえ教えてくれなかったのだから、私に示したことは、ただ「不言実行」ということだけであった。

ところで表題の語の最後を見ると、「時に臨んで応用す」とある。つまり香林和尚は必要とあれば、躊躇なく仏知見を披瀝したというのであるから、決して不勉強であった訳ではない。ここが問題なのである。何も知らないことを誇るのではない。「時に臨んで応用する」ことのできる内容が、しっかり詰まっていなければならないのである。そうでないと現代に通用する禅僧ではない、としきりに思う。

困ったことが幸せを呼ぶ

―人間万事、塞翁《さいおう》が馬―（『淮南子《えなんじ》』人間訓）

中国の北辺に住む塞翁（見張り役の老人）の愛馬が、どういうわけか国境を越えて胡《えびす》の国へ逃げてしまった。みんなが同情していると、数ヶ月して愛馬が胡の駿馬《しゅんめ》を連れて帰ってきた。息子はその馬に騎って遊んでいるうち落馬して、股の骨を折ってしまった。やがて胡の国が攻め入ってくると、若者たちは戦って多く戦死したが、塞翁の息子は障害者の故に兵役を免れ、父子ともども平和に暮らしたという話。

これが「人間、万事塞翁が馬」

という諺《ことわざ》の起こりである。「失敗は成功のもと」などと言うが、人間、何が幸せになるかわからない。私の人生が今日のような幸せを迎えたのも、実は辛いことがいっぱいあったお陰である。私事ながら恥を晒そう。

十人兄弟の末子に生まれた私の家へ、近所の禅寺から小僧に貰う男の子を探しに来た。四歳上の兄は嫌だと言って母の背中に隠れたが、頑是《がんぜ》ない二歳の私は、金太郎飴に釣られて坊さんになった。あの悲しい思い出は、今となると懐かしい物語でさえある。

大学を出て修行道場に入り、やがて山を降りたが、世は就職難で私は二回も教員試験に採用されず、絶望のどん底に落ちた。ノイローゼ寸前の私は、思いもよらず母校花園大学によって救われた。それがやがて私を世界に向ける動機となったのであるから、人生というものは、まったく予測のできないものではないか。

楽は苦の種、苦は楽の種などというが、じっさい苦しいことを経験しておかなければ、楽しいことがあっても気付かないものだ。災害などで生き残った人は、どれほど自分の命を愛おしく、大切にしているであろうか。病気を経験したものでなければ、健康の有りがたさなど、どうして味わうことができようかと、健康である私など、かえって羨ましく思うほどである。

星野富弘さんの詩集に『鈴の鳴る道』というのがある。誰かから鈴を貰ったので、車椅子に括り付けた。あるとき段差のある道を乗り越えたとたん、鈴が「チリン」と鳴った。何とも言えない好い音色。それからは、険しいところを選んで行くことにしている、というのである。忘れられないよい話ではないか。

古く錆びた錐《きり》となれ

―徳雲の閑古錐《かんこすい》、幾たびか妙峰頂《みょうぶちょう》を下《くだ》る。他の痴聖人《ちせいじん》を傭《やと》って、雪を担《にな》って共に井を埋《うず》む―（『祖英集』巻五）

まるで先の丸くなってしまった錐のように、人間の毒々しさのすり切れてしまった徳雲和尚は、あまり賢くない男を頼んで、一緒に雪を担って山を降り、麓にある井戸を埋めようとしたという陰徳行。それを称えた禅語である。

ほんとうの禅僧は、悟りの臭いのぷんぷんするような人間であってはならない、ということである。それはあの徳雲和尚のように、まるで使い物にもならない錐のような人間でなければならない、ということである。賢すぎては駄目だということだ。

禅宗では悟りの臭いも抜け切った人間を、「痴聖人」と言って尊ぶ。見え見えの偉い人は落第である。あの『十牛図』の第十図「入纏垂手《にってんすいしゅ》」に出てくるような、頭に灰を被り、顔に土を塗ったような男こそ、実は恐るべき男だと教える。

子供さえ懐に顔を突っ込んでくるような親しい人間でありながら、それでいて見る人が見れば、怖ろしくて鳥肌の立つような人間。これが禅僧の理想像だと教えている。

われわれの周りにも、時々そんな人がいる。みんなが馬鹿にしているような人で

あって、なかなかどうして、知る人ぞ知るというような怖ろしい人がいるのを皆さんはご存じであろうか。いったい、普通、賢い人と言われる人は、誰が見ても分かるような人であるが、みんなは敬遠してそんな人の傍には寄ろうとはしない。

永平寺の入り口に手洗い場がある。確かその辺りに「破木杓《はもくしゃく》」と書いた扁額があったように記憶する。壊れた柄杓では、水は酌めない。ここに挙げた「閑古錐」も同じである。まるで役に立たないような人間にこそ、何か凄いものが潜んでいるようで怖ろしい。読者はそういう人に出会ったことはないか。いや恐らく、出逢っていても気が付かないのであろう。

Ⅷ わが家の真実

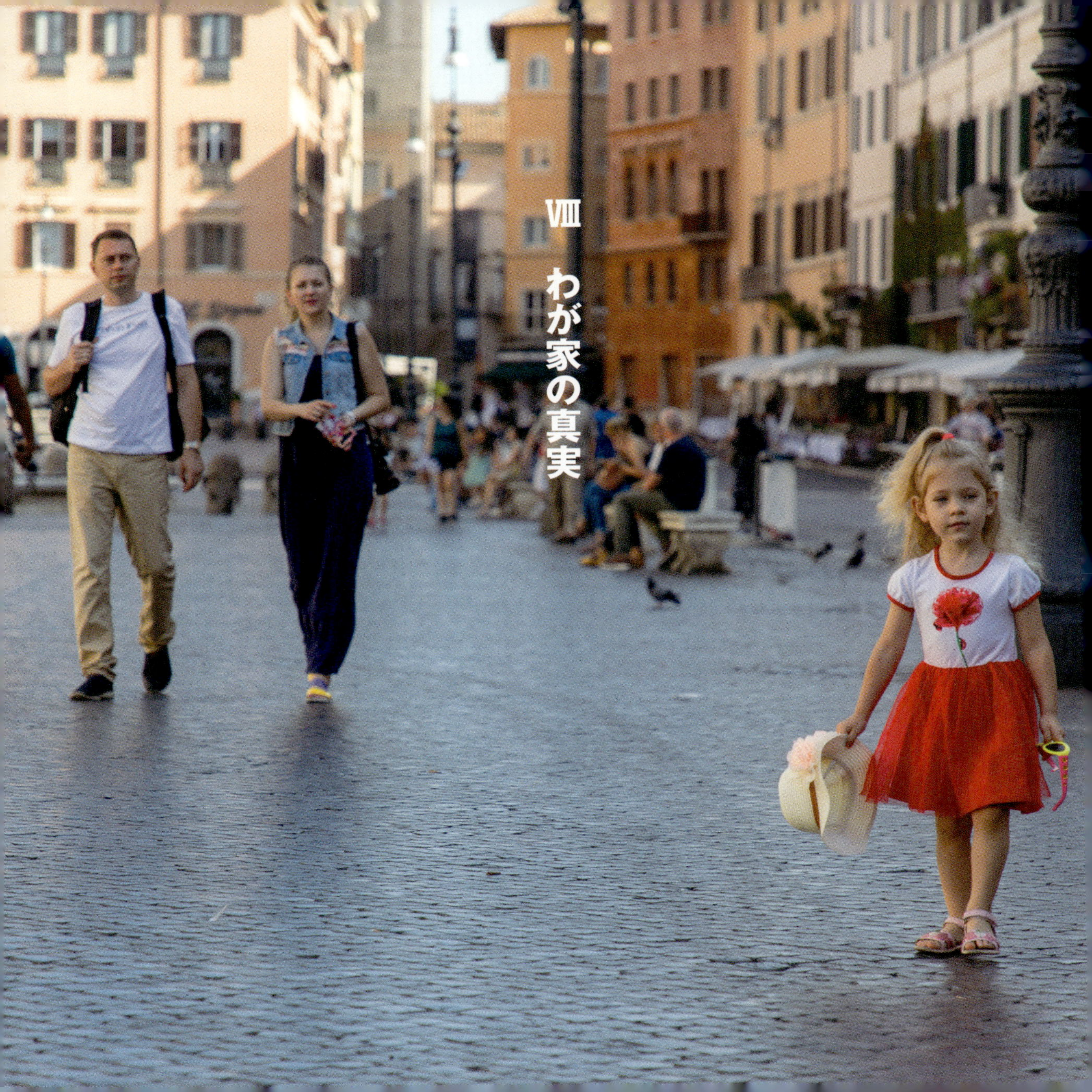

賊はわが家の中にあり

—巨姦《きょかん》は折《くじ》き易くも、家賊《かぞく》は防ぎ難し—（『物初和尚語録』）

唐の昔、龐蘊《ほうおん》居士《こじ》（?～八〇八）は、娘の霊照《れいしょう》と笊《ざる》を売って暮らした。ある日、帰る途中で、父の龐蘊が雪の中に倒れた。すると娘の霊照が駆け寄って、父の傍に倒れた。これは父を起こしてあげたという、霊照の禅的デモンストレーションであったという話。「巨姦は折き易くも、家賊は防ぎ難し」は、霊照のハタラキを称えた物初大観（一二〇一～一二六八）の語。

親孝行の娘を「我が家の賊」と言ったところが、いかにも禅者らしい褒め方ではないか。家の外の悪者はやっつけられるが、我が家の賊を防護することは難しい、というのである。言うまでもなく、この場合の「家賊」は娘に対する褒め言葉である。

人様にわが子を褒められると、父親は息子の頭を撫でながら、「いやあ、こいつは困った奴ですわい」と言って照れるのと同じである。

ところで、霊照の見せた行動には、私たちが人を助ける場合に、すぐに駆け寄って起こしてあげる助け方とは質の違った、別の助け方があることを示している。

霊照は父が倒れると、父の傍に駆け寄って自分も倒れたのである。つまり困っている人に手を差し伸べて助けるのでなく、自分も一緒に倒れることによって、倒れた父を、父の身になって助けたのである。

『龐居士語録』によると、起ち上がった父親が、「お前は何をするんじゃ」と言うと、娘の霊照が、「お父さんを助けて上げたんじゃないですか」と言う。すると父親が「幸い誰も見ておらんでよかったわい」と、自分の弱さを恥じるのである。これが娘の助けに対する、父からの禅的なお返しということになるのであろう。

私は学生の頃、この話を今はなき南禅寺の柴山全慶老師から聞いて、人を助けるのに、二通りの助け方があることを初めて知った。英語で言うと、participation（関与）とidentification（同化）の違いであろうか。

亀井勝一郎の『愛の無常について』を読んでいたら、「慰めのことばの多くは、むしろ慰めている自分を慰めているわけで、慰められる相手に対しては侮辱《ぶじょく》となります。宗教家などにこの例が多い。われわれは自覚することなくして、人を傷つけやすい。人の悲哀をせんさくし、その悲哀を「慰めの言葉」によって弄《もてあそ》ぶ」とあって、胸を衝かれた記憶が、今も忘れ難い。

定型パターンの誡め

―対一説《たいいっせつ》―（『碧巌録』第十四則、本則評唱）

ある僧が雲門文偃《うんもんぶんえん》和尚（八六四～九四九）に向かって、「お釈迦さんが一代掛かって説かれた教えというのは、いったいどのようなものですか」と問うと、雲門和尚が、「対一説《たいいっせつ》」と答えられた。対一説というのは、その場その場の状況に応じて、真理を説くということで、それがわかったら、もう道場に帰って静かに坐るがよいと言われたという話。

これがいわゆる「対機説法《たいきせっぽう》」と言われるもので、その場に応じ、相手に応じて法を説くことで、お釈迦さんは定型パターンな仕方で教えを説かれたのではないということである。別の言い方をすれば、「応病与薬《おうびょうよやく》」、つまり病に応じて薬を調合された、ということである。

前に座った病人に対して、それ相応に適切な薬を与えるという意味で、これは医王と呼ばれたお釈迦さんの説法を讃えたことばである。現代のお医者さんのように、皆なに同じ薬を出すのと、大いに違うのである。

私の学生時代に、太田先生という校医のお医者さんがおられた。私の友人がその医院を訪ね診察を乞うと、いちおう先生の診察が終わったので、待合室で薬を待っていたが、なかなかお呼びがない。やがてこちらへどうぞと、奥の間へ案内された。すると、座敷にすき焼きの用意ができていて、「さあ、これを食べて行きなさい」と言われた。先生は、この学生を栄養失調だと診断されたのである。

さて、お釈迦さんの対一説ということの真意がわからないために、仏説はああだこうだと自分勝手に定型パターンな解釈をしている奴がいるが、そういう連中はアッというまに、地獄に堕ちて行くだろう。だが、釈迦が一代に説かれた教えは何であったかがよくわかったものは、修行をやめて少し休むがよかろう、と意味である。

世間でどれほど苦しい目に遭っても、わが家に帰れば癒やされることは、誰でも経験するところである。それで禅僧は、悟りを得て気分がゆったりすることを、「本分《ほんぶん》の家郷《かきょう》に帰る」と言うのである。われわれ凡人でも、わが家ほど安らぎを感じる処はないことは知っているが、悟りを得た人が安らぐ本分の世界は、いったいどんなに安らかなことであろう。なかなか窺い知れない世界ではある。

禅は生活そのものである

―家常茶飯《かじょうさはん》―（『大慧語録』巻八）

あるとき、大慧宗杲《だいえそうこう》和尚（一〇八九～一一六三）は、弟子に向かって、「これが日常茶飯事というものじゃ」と言われたという話。

宋代ではこれを、「家常便飯《かじょうびんはん》」とも言ったらしい。家でいつも食べる便利な飯ということだとすると、この方がわれわれには実感があるように思われる。今頃「便飯《びんはん》」などと言うと、それこそ独身の男がコンビニで買ってきて食べる、何とも便利なインスタント食品を連想するであろう。

ところで、ここで大慧和尚ともあろう人が、「家常茶飯《かじょうさはん》」と言っているのは、もとよりそのようなことではない。むしろわれわれが、「そんなことはいつものことで、ちっとも珍しくもなんともないわい」、と言うときの意味に近いであろう。

『大慧語録《だいえごろく》』巻八のところを繙《ひもと》くと、ある人が大慧に向かって、「亡くなった圜《えん》悟《ご》老師は、どこに行かれたのでしょうか」と聞くと、大慧は、「地獄に真っ逆さまだ」と言った。「どうすれば救えるでしょうか」と問うと、「救われる訳がない、それが彼にとって家常茶飯だったのだから」と答えたとある。

禅僧の中には、「異類中行《いるいちゅうぎょう》」と言って、趙州従諗《じょうしゅうじゅうしん》和尚（七七八～八九七）や潙《い》山霊祐《さんれいゆう》和尚（七七一～八五三）のように、死んだらむしろ末上《まつじょう》（真っ先に）地獄へ入るとか、畜生になって生まれ変わることを望んだ人がいるくらいである。

私たちでも、当たり前のことを「日常茶飯事」などと言う。なにも特別なこととして驚くようなことではない、というほどの意味である。

特に禅僧の求めようとする人生の真実は、日常生活の只中にあるとして、これを「日《にち》常底《じょうてい》」とか「平常無事《へいじょうぶじ》」などと言う。禅仏教の真髄は何かと言うと、けっきょく私たちが、いかに日常生活の「著《ちゃく》衣喫飯《えきっぱん》」（着物を著たり、飯を食ったりすること）を、きちんと行なえるか、ということに帰するのである。

家が貧しくて、冷や飯もない

―家貧《いえひん》にして素食を弁じ難く、事忙しくして草書に及ばず―（『無門関』第二十一則）

ある僧が雲門文偃《うんもんぶんえん》和尚（八六四～九四九）に向かって、「仏とは何ですか」と問うた。すると雲門が、「乾屎橛《かんしけつ》」（乾いた屎の塊）と答えたという話に、無門慧開《むもんえかい》（一一八三～一二六〇）が付けたコメント。

禅語録にはよく、修行者から、「仏とは何ですか」と問われて、大和尚がさまざまな答え方をする話頭《わとう》（話題）がたくさん出てくる。他の宗派であると、仏が衆生を救う人であることは、問う以前の事実であって、殊更にそんな質問をすることじたい、罰当たりということになるであろう。

ところが禅宗では、初祖達磨大師が、「不立文字《ふりゅうもんじ》、教外別伝《きょうげべつでん》、直指人心《じきしにんしん》、見性成仏《けんしょうじょうぶつ》」と宣言したように、修行者自身が自分とは何であるかを突き止め、自分の本性を見抜いて仏に成る、というのが究極の目的であるから、まず「仏とは何か」をよく知っておくことこそ、生涯を貫く課題に取り組むための大前提なのである。

そういう修行者にとっての真面目な問いに対して、雲門和尚はこともあろうに、「乾屎橛《かんしけつ》」と答えたのである。

表題の禅語は、そういう突拍子もない話に、無門慧開和尚がつけたコメントであるから、その真意を読み取ることは、容易ではない。

まあ、素人にとって一番わかりやすいのは、雲門和尚からすれば、仏と言うことを口にすることさえ、「乾いた糞の塊《かたまり》のように無用な話だ」と切って捨てたということになろうか。

それに対して無門和尚は、「雲門和尚は家が貧乏で、食う米もないと見えるなあ。それじゃ手紙を書く暇もなかろうて」と、実は雲門を褒め称えているのであろう。まあ、世間で言う、「たとえ痩せたるソクラテスとなるも、肥えたる豚になるなかれ」というところであろうか。

本当の貧乏とは何か

―去年、未だ是《こ》れ貧《ひん》ならず、今年、始めて是れ貧―（『祖堂集』十九、香厳智閑の語）

去年の貧乏ぶりは、まだ本物の貧乏ではなかった。今年の貧乏ときたら、本物の貧乏だ、という香厳《きょうげん》智閑《ちかん》和尚（?～八九八）の語である。

ここに貧乏と言っているのは、われわれの言う貧乏のことではない。禅僧独得の表現で、心に何も残っていない大らかさを言っているのである。古歌に、

馬鹿は気楽じゃ　理屈の種が　胸に無いので　気が広い

というのがある。まことにわれわれ凡人の心ときたら、あれやこれやの妄想雑念で、ぎっしり詰まっているではないか。お陰でまことに蒸し暑いことだ。

私の師、南明和尚は、「ワシは学校の教育を受けていないから、何にも知らない。じゃからせめて、お前だけにはしっかり勉強してもらいたい」と爪に灯を点すような生活のなかから、私を大学へ押しやっていただいた。お陰で私ときたら、こんな老体を酷使して、未だに理屈だらけの文章を書いているという体《てい》たらくである。

ところで、ここで香厳和尚が「貧」と言っているのは、言うまでもなく、全ての妄想雑念を捨てきった、悟りの清々しい境地を言っているのである。そして今にして思うと、去年の無心はまだまだ駄目であったが、どうやら今年になって本当の無心になれたわい、と言って喜んでいるのである。私の好きな歌に、

古桶《ふるおけ》の　底抜け果てて　三界に　一円相《いちえんそう》の　輪のあらばこそ

と言うのがある。古桶とは、理屈でがんじがらめの、この自分のことである。その底を抜くということは、そういう理屈っぽい自分を粉砕するということである。そうすると驚いたことに、バラバラに壊れた桶の中から、今まで気づかなかった円い「桶の輪」が、現われてきたというのである。

この輪こそ、まさしく禅僧たちが好んで描くあの「一円相」。いわゆる無我無心の具象化として、一筆でぐるっと描くあの円である。そう、円というものは「無始無終、無欠無余」。これほど大きなものはないのである。

善《よ》し悪《あ》しは自分が決めるもの

―好事《こうじ》も無きには如《し》かず―（『趙州録』下）

趙州《じょうしゅう》従諗《じゅうしん》和尚（七七八〜八九七）が通り過ぎられると、こちらへ向いて礼拝している僧がいた。それを見ると和尚は、いきなり彼を棒で叩いた。僧が、「礼拝することは、よいことじゃないんですか」と言うと、趙州は、「たとえよい事でも、無い方がよいに決まっておる」と言われた、という話。

『六祖壇経《ろくそだんぎょう》』の中に、慧能《えのう》が五祖から密かに受け継いだ衣鉢《えはつ》（伝法の印）を、慧能から奪い返そうとしてやって来た明上座《みょうじょうざ》という男が、心を改めて六祖慧能に教えを請うたとき、六祖が「善をも思わず、悪をも思わぬという、まさにそのような時のお前はどうだ」と問うた。これが有名な、「不思善《ふしぜん》、不思悪《ふしあく》、正与麼《しょうよも》の時、那箇《なこ》か是れ明上座本来《ほんらい》の面目《めんもく》」という六祖の発した一句である。

私たちは小学校の頃、修身（道徳）の時間に、よく「勧善懲悪《かんぜんちょうあく》」ということを教えられた。善いことをし、悪いことはしてはならない、という倫理道徳の基本である。戦後、一旦、修身はなくなったが、この頃はまた道徳教育として、少し復活しているらしい。

言うまでもなく人間社会に於いて、善いことが薦められ、悪いことが誡められるのは当然である。そうでないと、自然に悪い人間が蔓延《まんえん》する（はびこる）社会になってしまう。

しかし、何が善いことで、何が悪いことであるか、ということの判断基準については、別に大きな問題が含まれている。判断の基準はその時の社会のあり方に、大きく支配されて決まるからである。

第二次世界大戦（太平洋戦争）の間、日本の国は国家至上主義であったが、敗戦になった途端に、これはよくないということになり、いきなり国際主義に変わってしまった。私は小学校六年生のとき終戦を迎え、この思想の大転換に面食らったから、いらい人の言う善悪に、振り回されてはいけないと、堅く心に決めたものである。

カントが教えたように、善悪の判断は、わが内の崇高なる道徳的理性、つまり「良心」の叫びに従わなくてはならないのである。

趙州が自分の姿を見て、思わず礼拝した僧を叩いたのはなぜか。いうまでもなく僧が師匠を偉い人だと思い込んでいて、反射的に頭を下げただけで、自分自身の尊さについての自覚がなかったからであろう。

何が本当に善いといえる行為か。また何が悪い行為であるかについて、われわれは自分の判断が的確にできるよう、平素から確固たる「主体性」を確立しておかねばならないのである。見よう見真似の善行なら、しない方がいいということであろうか。

無用なことをすべきではない

—法幢《ほうとう》を建て、宗旨《しゅうし》を立するは、錦上《きんじょう》に花を舗《し》く—（『碧巌録』第二十一則、垂示）

これが仏の教えだなどと言って、わざわざ宣伝してまわるのは、美しい錦の衣の上にわざわざ花を舗《し》くような無用なことだ。牛の背から籠頭《ろうとう》（轡《くつわ》のこと）を脱《はず》し、角駄《かくだ》（荷物）を卸《おろ》してやれば、牛はどれほど楽になるだろう、ということ。北宋の智門光祚《ちもんこうそ》和尚（生没年不詳）に向かってある僧が、「蓮の花が水面から出てくるまではどうですか」と尋ねると。「蓮の花だ」と答えた。「出てきたらどうですか」と言うと、「蓮の葉じゃないか」と答えたという問答に対して、圜悟禅師が付けたイントロである。

仏が世に出てくる前は、何であったか、出てきたらどうなったか。そのようなことをいちいち議論するのは馬鹿げたことだ、というのである。言葉はいくら違っていても、内容に変わりはないということであろう。

じっさいわれわれ人間は、物に名前を付けて判断し、物を知ったと思う。しかし名前は後から付いたもので、物そのものにはもともと名前などないのである。名前は仮に付けたものだから、どう呼ぼうと構わない。じっさい同じ花でも、英語ではフラワー、ドイツ語ではブルーメと、呼び方はそれぞれ違う。しかし名前

よりも先にある、物そのものを見失ってはならないのである。

『無門関』四十三則に、首《しゅ》山省念《ざんしょうねん》和尚（九二六～九九三）が、手に持っていた棒を門人たちに示し、「これを竹篦《しっぺい》と呼べば、そりゃ当たり前のことだ。これを竹篦と呼ばなければ滅茶苦茶だ。さあ、君たちはこれをどう呼ぶのか」と迫っている。

　太郎に向かって、「お前は太郎だ」と言うのは当たり前。「お前は次郎だ」と言ったら間違い。ではどう呼ぶかということである。答えはもちろん「太郎」だが、その男の中身をよく知ってからの話でなければ、名前だけが、一人歩きしてしまうということである。

大切な物も、無用になれば捨ててしまえ

―菩提《ぼだい》を発する者、意を得て言を忘れ、理を悟って教えを遺《わす》る。亦《ま》た魚を得て筌《せん》を忘れ、兎を得て蹄《てい》を忘るる猶《ごと》きなり―（『伝灯録』巻二十八、大珠慧海の語）

悟りを得ようとする者は、言葉の意味が分かったら言葉は忘れ、道理を悟ったら教えは捨ててしまえ。それは魚を掴んだら筌《ざる》を忘れ、兎を捉まえたら罠《わな》を捨てるようなものだ、という意味。

『伝灯録』なかの大珠慧海《だいしゅえかい》（生没年不詳）の語は、「意を得たものは浮言《ふげん》を越え、理を悟ったものは文字を超えよ。法は語言文字を過《す》ぐ。なんぞ数句の中に向かって求むるや」とやや詳しい。

本当に悟りを得たいと思うなら、経典の言葉や教えにくっついていては駄目だと言うのである。

表題の禅語で大珠が言わんとするところは、悟りを得るためには、先人の語録を読むのもよいが、いつまでも大事そうに言葉ばかりを振り回していてはいけない。道理さえ掴んだら、どんなに有り難い教えでも捨ててしまえ、ということである。

似たような話が『筏喩経《ばつゆきょう》』に出ている。あの大事な教えを説かれたお釈迦さん

にして、意味がわかったらそんなものは捨ててしまえと、次のように説かれている。

ある旅人が旅の途中で、目の前に大きな河が横たわっていて先へ進むことができない。こちらの岸は危険だが、安全な対岸に渡る舟も橋もない。そこで彼は思いついて樹の枝と蔓《つる》で筏《いかだ》を作った。それに乗って手足を使って何とか河を渡った彼は、筏のお陰で命拾いをした。だから彼は、役に立ったこの筏を大切に思い、右肩に置いたり、頭上に載せたりして旅を続けたが、この後もこの筏は役に立っただろうか、とお釈迦さんは弟子達に問うたのである。

文字にしがみつき、教えだけを知って、得たり賢しとそれを吹聴して回っている世の学者先生にとっては、耳の痛い話であろう。

どんな家庭にも、幸せはいっぱい

―誰《た》が家か名月清風なからん―

（『碧巌録』第六則、本則著語）

よく知られた雲門文偃《うんもんぶんえん》和尚（八六四～九四九）の語「日々是《にちにちこ》れ好日《こうにち》」の話《わ》に付けた、圜悟《えんご》のコメントである。表題の語は、「蝦跳《えびおど》れども斗《と》を出《い》でず」の語に続く。

若い者はよく、自分が育てて貰ったわが家を、隣の家庭と比べて、自分の家は貧乏だとか、不幸だと不満を言いたがる。そして、そんな家は要らないと、成人すると大事な親を見捨てて、どこかに行ってしまう。そういうのはやはり、育て方が間違っていたのかも知れない。蝦のように、暴れ回っても竃から出ない子は、親にとってやはり可愛いであろう。

ある家の主《あるじ》が、自分の家の障子の破れから隣の家を見て、あの家は破れ障子で暮らしていると言って笑った、という話があるが、このような自分を省みぬ独り合点では、いい子は育つまい。そこへ行くと次の話などは、どう考えたらいいのだろう。

江戸時代の話。ある歳の大晦日、橋の上まで追っかけられてきた一人の武士が、商人から借金の返済を迫られて、土下座してしばらくのご猶予をと願っていた。これを見た橋の下の乞食の親父が子供に向かって、「あの武士のような惨めな思いをせずに年越しできるのは、いったい誰のお陰だと思うか」と言うのである。

この親父の自負は真似るべきものではなかろうが、聞いていて何か微笑ましいものを感じるのは、私だけであろうか。

右に上げた二つの例は、共に自分の不幸を棚に上げて、胸を張っている向きがあり、決して模範的な例ではないが、自分の家庭の惨めさに、下ばかり見て暮らしている人に比べると、それなりに救いがあるように見えるではないか。

昭和二十年ころ流行った「私の青空」（G・A・ホウィティング作詞・堀内敬三訳）を思い出す。

夕暮れに　仰ぎ見る　輝く青空
日暮れて辿《たど》るは　わが家の細道
狭いながらも　楽しいわが家
愛の灯影《ほかげ》の　さすところ
恋しい家こそ　私の青空

Ⅸ　わが宝物とは何か

先祖の伝えなかったものこそ、わが家の宝

―向上の一路、千聖《せんしょう》も伝えず。学者、形を労すること猿の影を捉《とら》うるが如し―（『祖堂集』巻十五、盤山宝積章）

「向上《こうじょう》の一路《いちろ》」とは、悟りの更に先にある修行を言う。禅の修行におけるこの部分は、きわめて個人的な体験のことであって、どんな親切な祖師といえども伝えることはできなかった部分である。それも知らないで、修行者たちが見え見えの処ばかり真似しようとするのは、まるで猿が影を追っかけているようなものだという意味。

「百尺竿頭《ひゃくしゃくかんとう》、更に一歩を進めよ」という禅語がある。悟りのその先はどうだ、という意味である。言葉を換えれば、悟りなんか捨ててしまえということである。せっかくそれまで苦労して得た貴重な体験を、なかったことにしてしまえというのである。悟りへの執著を持っているようでは駄目。そんな執著は潔くぶち切ってしまえ、というのである。

サーカスの芸人であっても、百尺の竿の先まで昇りつめることは、決して容易なことではない。まして素人にとっては、ほとんど不可能と言っていい。そればかりではない。そこからもう一歩踏み出せ、というのだから、怪我をするか、死んでしまうより他はないであろう。

表題にいう「向上の一路」とは、悟りのその先、ということである。ここの処はどんな立派な禅僧でも、人に伝えることなどできない、自分だけの「悟りの受肉」である。

昔、下村湖人の『青年の思索のために』という本の中に、次のような面白いことが書いてあった。

　細長い棒を地につきさして、それに一ぴきの百足虫を這わせると、百足虫は、まっしぐらに棒の尖端まで登りつめる。さて、登りつめて見ると、それからさきは空である。百足虫に、龍のような昇天の霊力がないかぎり、それから先には、なんとしてものぼれない。

　そこで、かれは仕方なしに、道をうしろに求める。ところが、棒が小さすぎて、かれのからだで一ぱいになっているので、自分自身のからだの上を這わないかぎり、どこにも行く道はない。自分のからだの上を這うことは、われわれ人間に出来ないと同じく、百足虫のような細長いからだをもった動物にも、とうてい出来ない芸当なのである。

　この場合、思いきって、その百本の足をことごとく棒から放してしまえば、かれは、ひろびろとした大地に落ちるであろう。そしてそこに、かれは自分の欲する道を、いずくへでも自由に求めることが出来るであろう。

禅僧が悟りにこだわる愚を誡めたものであろう。

チャンスを逃がせば、千年の不覚

―之《こ》れを見て取らざれば、千載《せんざい》にも逢うこと難し―（『碧巌録』四十八則、本則評唱）

役人の王太夫《おうたいふ》が招慶院にやってきたので、お茶を出そうとしたとき、慧朗《えろう》という僧はいきなりその茶瓶をひっくり返した。王太夫がびっくりして、「どうしてそんなことをするのか」と詰《なじ》ると慧朗が、「さすがのお役人も、これがわからなければ、後千年待っても、チャンスは巡ってこないでしょう」と言った。これを聞くと王太夫は、袖を払って出て行ってしまった、という話に対して圜悟《えんご》が評した語である。

このような話は、あくまで禅僧ならではの禅心のデモンストレーションであるから、素人が理解しようとしても無理であろう。ただ、この話に対して圜悟克勤《えんごこくごん》（一〇六三～一一三五）が付けた表題の語なら、何とか理解できるのではないか。

つまり圜悟から見れば、王太夫ともあろう偉い役人で

も、千載一遇のチャンスを逃がしてしまうことがあるもんだと、と悔しがっているのである。

せっかくのお茶席で、茶瓶をひっくり返して見せた慧朗上座の親切に気が付かなかったとは、王太夫ともあろう人が、またなんという惜しいチャンスを逃がしたものか、と言うわけだ。

昔、北海道に旅行したとき、ケーブルカーで函館山に昇ったら、亀井勝一郎の生家があった。家の前に建っている碑に、

人生―邂逅し、開眼し、瞑目す

という、亀井の言葉が書いてあった。人生はすべからく「出逢いの旅」だと言ってよい。新しいものとの出逢いが人生を豊かにする。そういう出逢いを求めるならば、旅をしなければならないのだ。高村光太郎の詩集『道程』にある次の句は、余りにもよく知られている。

僕の前に道はない。僕の後ろに道はできる。

そう言われれば私の人生も、すべて思いがけないものとの出逢いであったと言える。今にし思えば、私はその都度その都度、その縁だけは大切にしてきたと思っている。

三日会わなかったら、別人と思え

―三日相見《あわ》ざれば、旧時《きゅうじ》の看《かん》を作《な》すこと莫《なか》れ―（『伝灯録』巻二十三、明招徳謙章）

曾て明招徳謙《みょうしょうとっけん》和尚（生没年不詳）の処にいた僧が、しばらく別の庵に住んでいたが、一年して師である和尚を訪ねてきた。そして和尚に礼拝して、「昔の人は、三日会ってなければ、もう昔と同じ見方をしてはならない、と言っていますね」と言ったというのが表題の語である。

たった三日間でさえしっかり修行しておれば、禅心には見違えるほどの深まりがあるという古人の言を持ち出している、この修行僧の凄《すさ》まじき自負はどうであろう。

そういうことは実際われわれも経験するところである。遠いところの大学へ入った孫が夏休みなどで帰ってくると、その見違えるような成長ぶりに驚かされる。それにも関わらず、うっかり子供扱いなどすると、こんどは孫の方から顰蹙《ひんしゅく》を買うことになるから、気を付けなければならない。

嫁いでいる娘が母親になり、一年に一度くらい子供を連れて里帰りしてくる時など、その毅然とした子育てぶりなどを見ると、これが自分の娘であったかと、自分の眼を疑うほどである。

反対にまた、彼らの方からすれば、どんどん年老いていく私たちを見て、以前に見たときの姿に比べると、昔日の感があるであろう。子供の頃には乱暴に言葉を返していた子供や孫が、今は優しく相手になってくれるのを見ると、思わず自分を顧みて、いつの間に自分はこんなに年老いてしまったのであろうかと、今更のように頬を撫でるのである。

高校の同窓会などで、若かった日に机を並べて共に学び、共にキャッチボールなどして遊んだ懐かしい友人たちに出遭ったりすると、六十年の歳月などどこかにすっ飛んで、お互いに「おい、お前」に戻る。

しかし、話しているうちに、相手が今までどれほど苦労して貴い人生を歩んだかがわかってくると、「やっぱり苦労した甲斐があったというものですね」などと、いつしか尊敬の語に変わっている。そんな時、「旧時の看を作す莫れ」を思い出して、赤面するばかりである。

欲望に酔ってはならない

――金を攫《つか》む者は人を見ず、鹿を逐《お》う者は山を見ず――（『虚堂録』巻一）

趙州従諗《じょうしゅうじゅうしん》（七七八～八九七）が、臨済義玄《りんざいぎげん》（?～八六七）のいる臨済院にやってきた。院の裏にある洗面所で脚を洗っていると、臨済が出てきて、「達磨さんがインドからやって来た目的は何だ」と問いかけた。趙州は、「三十年も修行の旅をして苦労したことを、今になって、人に話さなければならんとは、何たることか」と呟いたという話。表題はこの話を批判して、虚堂智愚《きどうちぐ》和尚（一一八五～一二六九）が付けたコメント。

中国の古典『列子《れっし》』に、「金を取るの時、人を見ず、徒《いたず》らに金を取る」とあり、『淮南子《えなんじ》』説林訓に、「獣を逐《お》う者は、目に太山を見ず。嗜欲《しよく》外に在れば、則ち明《めい》は覆《おお》わる」と見える。さて、虚堂和尚は趙州を褒めたのか貶《けな》したのか、難しいところである。

日本語に、「欲望に目が眩《くら》む」という諺《ことわざ》があるが、こんな大昔の古典に根拠があるらしい。たしかに獣を追う狩人も、獣を追って山に入り込んで、道に迷うということもあろう。「欲に耽《ふけ》る者、目見えず」とも言われる。

イギリスの著述家サミュエル・スマイルズ（一八一二～一九〇四）は、「悪の根源をなすものは、金そのものでなくて、金に対する愛である」と言ったそうだ。（ひ

ろさちや編『格言・ことわざ・名言・警句大全書』参照）
金のことばかりではない。欲望というものは、どこまでいっても満足というものがない。知識欲、名誉欲などというものでも、うっかりすると身を滅ぼしかねない。「禍《わざわい》は足《た》るを知らざるより大なるは莫《な》し」（『老子』四六章）と言われるゆえんであろう。
『論語』先進第十一に、孔子の弟子の子路《しろ》が、自分の後輩の子羔《しこう》を、治めるのが困難な村の役人に推挙したとき、孔子が心配して、まだ若い青年にとっては、その任が重すぎ、かえってその青年の人生を損なうことにならないか、と言われたとある。
たしかに現代でも、親の息子に対する出世願望のために、かえってせっかくの息子の幸せを奪ってしまうようなことも少なくない。世の親たるものの、もって銘すべきことではないだろうか。

味噌の味噌臭きは、上味噌にあらず

―百丈竿頭《ひゃくじょうかんとう》不動の人、然り得入《とくにゅう》すと雖《いえど》も未だ真と為《な》さず。百丈竿頭に須《すべか》らく歩を進むべし。十方世界是れ全身―（『伝灯録』巻十、長沙景岑章）

禅宗では普通、「百尺竿頭《ひゃくしゃくかんとう》」と言い倣《なら》わせている。この方が分かりやすいかも知れない。ともあれ長沙景岑《ちょうしゃけいしん》和尚（生没年不詳）が言われるには、「百丈竿頭不動の人、然り得入すと雖も、未だ真と為さず。百丈竿頭、須らく歩を進べし。十方世界是れ全身」と。百丈の竿の先から一歩進んでこそ、自己は世界と一つになると言う意味。

実際、誰でも、禅の修行では「悟り」が最終目的だと考えている。しかし禅宗では、これでは不十分で、その先がもっと大切なのだと教えている。それでこそ「大悟徹底《たいごてってい》」ということになるらしい。そうでないと、「味噌の味噌臭きは、上味噌にあらず」ということになってしまうからである。

そこでは禅の修行ではふつう、「百尺竿頭、更に一歩を進めよ」と教えるのである。これが哲学でいう「超越」ということであろう。梯子を一つ一つ登っていくのは、「量的な前進」であるが、その先端から進める「小さな一歩」は、まさに「質」への転換である。

禅では、この悟りの先の修行を「向上《こうじょう》の一路《いちろ》、千聖不伝《せんしょうふでん》」といって、この修

行に於けるこの大事なプロセスは、誰も教えてくれないとものとされている。これはいわば「悟りの自己化」であり、悟りの臭いを消す修行である。

本当に悟った人には、悟りの臭いのひとかけらもない。子供でさえその袂に首を突っ込み、懐に手を入れてくるであろうが、知る人が見れば近づきがたい人なのである。大悟徹底した禅僧の恐ろしさには、計り知れぬものがあるということであろう。

自分の中の光と闇

――自家《じけ》脚跟《きゃっこん》の下、本と此《も》の一段の光明有り――（『碧巌録』第八十六則、頌の評唱）

雲門文偃《うんもんぶんえん》和尚（八六四～九四九）が、門人たちに向かって言われた。「お前たち一人一人の脚下に、光明が光っているが、お前たちにはそれを見て取ることはできないらしい。問われても分からないから真っ暗じゃないか。いったいお前たちの光明はどうなっているのか。言ってやろうか、庫裏《くり》や山門じゃないか」と。そしてまた言われた「好いことも無い方が余程ましだ」と。

雲門和尚が何を言おうとしておられるかは、なかなか難しい問題である。いったいお前たち一人一人の脚下に光っている光明とは何か、という問題である。それがわからなくては、お互いに真っ暗な自分と世界を引きずって生きているようなものだ、ということであろう。

雲門和尚に言わせれば、眼の前に山門や庫裏が建っている、それが光明であり、それを見る眼を持っている自分もまた光明そのものだというのである。

しかし、光明であるこの自分に気づかなければ、身の周りにある光明の世界も真っ暗闇の世界でしかないだろう。

いや、もっと言えば、光る世界と光る自分とが一つであれば、光もまたなくなるであろう、と。そこには好いことも却って無い方がましだと言われたのである。

そのように、どんなに好いものでも、それが却って煩《わずら》いのもとになるということは、われわれもよく知っている。好い悪いというようなことはない方が、却ってさっぱりするということである。

財産をいっぱい持っている人は幸せに見える。そんなことで自分の光明を見失って惨《みじ》めになったり、逆に自分の幸福に酔って自分を見失うのもまた暗黒と言えないだろうか。自分は他人と比べようのない自分であると、自分をしっかり見つめれば、自分の中にある光明は、ひとり世界をも照らすであろう。

たとえ粗食でも、腹はふくれる

ー麄飡《そさん》は飽き易く、細嚼《さいしゃく》は飢え難しー（『無門関』四十七則）

ある僧が保寧仁勇《ほねいにんゆう》和尚（生没年不詳）に向かって、「和尚さんの家風《かふう》（禅の特色）はどんなものですか」と問うと、「まあ、硬い餅かなあ」と答えられた。更に、「お客が見えたら、どのように接待されるんですか」と問うたとき、保寧和尚の答えた語。

僧の質問に対して保寧和尚は、ここの家風は厳しくて、硬くなってしまった餅のように、容易に食いつけるものではない。しかし、よく噛んで食べさえすれば腹はふくれるのだと答えたのである。和尚は余程自家の家風の峻厳さを自負していたのであろう。

日本の専門道場にも昔から、天下に聞こえた鬼叢林《おにぞうりん》というのがある。そのようなところへ入門するには、余程の覚悟が必要である。それを怖れる者には、「姫《ひめ》叢林《ぞうりん》」といわれる処もあるが、これはこれで油断がならないものを持っているから、容易の観を持って入れば、酷い目に遭うこと必定である。

保寧和尚の道場の家風は「硬い餅」だというのだから、容易に噛みつくことは危険である。そういう僧堂には、普通の人は敬遠して寄りつかないものである。

そういうことからこの僧は和尚に尋ねた。「そのような家風の厳しい僧堂でも、自分を鍛えたいと思ってやってくる者に対して、どのように指導なさるのですか」と僧は尋ねたのである。

それに対して保寧和尚が、「わが道場の餅は、慌てて食べると、すぐに腹が膨れて嫌になってしまうだろう。しかし、ゆっくり味わえば味わうほど、味が出てくるものだ」というのである。

このようなことは、普通の家庭についてもいえることであろう。家長である父親は、世間に聞こえたうるさ型であるのに、外から見ていると家族の暮らしようは、人が羨むほど和やかで、子供たちも皆なよい子ばかりである。なぜ、そういうことになるのだろうと思ってみても、その家庭の中に入ってみないとわからないであろう。

保寧和尚が、「ゆっくり咀嚼すれば、空腹を覚えることはない」と言ったのは、そういうことではなかろうか。

足ることを知るほどの贅沢はない

―若《も》し諸もろの苦悩を脱せんと欲せば、当《まさ》に知足《ちそく》を観ずべし。知足の法、即ち是れ富楽安穏《ふらくあんのん》の処なり―（『遺教経』）

『遺教経』は、仏陀が後の世のために説き遺された経典である。そのなかに「知《ち》足《そく》」ということが、次のように説かれている。「若し諸もろの苦悩を脱せんと欲せば、当に知足を観ずべし。知足の法、即ち是れ富楽安穏の処なり。知足の人、地上に臥すと雖も、猶《な》お安楽と為《な》す」とある。

同じ『遺教経』には続いてまた、次のように説いてある。

足ることを知らざる者は、天堂に処《お》ると雖も、亦た意に称《かな》わず。足ることを知らざる者は、富と雖も貧、知足の人、貧と雖も富。足るを知らざる者は、常に五欲のために牽《ひか》れる。知足の者の憐愍《れんみん》する処と為す。

京都に、石の庭で有名な龍安寺というお寺がある。その寺の本堂の裏の方にお茶席があって、そこの蹲《つくばい》（手を洗う石の鉢）の表面に、「吾唯知足（吾れ唯だ足るを知る）」と彫ってある。その四字に囲まれた真ん中の四角い窪みに、僅かな水が入れてある。お茶席に入る前に、その水を柄杓《ひしゃく》で掬《すく》って、両手を洗うのである。じっさいそれで充分なのだ。その時、人は「これで充分なんだ」ということを、初めて知らされるであろう。

外から入ったものは、家宝ではない

―門より入るもの家珍《かちん》に非ず―（『碧巌録』第五則、本則評唱）

雪峰義存《せっぽうぎそん》（八二二～九〇八）が兄弟子の巌頭全奯《がんとうぜんかつ》和尚（八二八～八八七）に向かって、「自分は徳山和尚の道場にいたとき、まるで桶の底が抜けるような体験をしました」と言った。すると巌頭が、どやしつけて言った、「お前さんは、門より入るものは家珍ではない、ということを知らないのか。自分だけの宝が胸から溢れ出て天地一杯になってこそ、やっと少しは見処《けんじょ》があるというものじゃ」と言われて大悟した話。

われわれは誰でも、自分ほどつまらない人間もなかろう、と自覚しているであろう。それが当たり前であって、自分ほど立派な人間はいない、というような自尊心を少しでも持っているならば、世間からは相手にもされないであろう。だからよく心得た人は、できるだけ他人の話を聴いて自分を磨こうと思う。それが普通である。

殊にここに登場する雪峰義存という人は、どこの僧堂へ入っても、自ら進んで台所に立って働いた奇特な人として知られる。だから今でも、禅宗の修行道場では、台所係（典座《てんぞ》）の部屋を、「雪峰寮」と呼んでいる。

そんな下坐行に徹した雪峰が、「私は徳山和尚に打ちのめされたお陰で、自分が何者であるかを悟ることができました」と言ったのである。普通なら正直で、それでいいであろう。

ところが雪峰は先輩の巌頭から、「門より入るもの家珍にあらず！」と一喝されたのである。自分の尊さは、自分の中から出たものでなければならないのだと。しかし問題は、自分の中にある「家珍《かちん》」（宝物）とは何かである。

われわれは小学校から大学まで、ずいぶんと親のお陰で勉強し、外から多くの知識を得たのであるが、そんなものは決して自分にとって、本当の宝物ではないとなると、この自分さえが持っているという宝とは、いったいどんなものであろうか。

実は、この宝探しこそが、千年以上も大事に伝えられてきた禅修行の目的なのである。禅の本命は「己事究明《こじきゅうめい》」である。そしてこの自分の中にある尊厳性を探求するのである。そのためのただ一つの方法、それこそが坐禅というものではなかろうか。

主体的に行為すればよいのだ

―随処《ずいしょ》に主《しゅ》と作《な》れば、立処《りっしょ》皆な真《しん》なり―（『臨済録』示衆）

『臨済録』は、中国唐代に生きて、臨済宗の宗祖と仰がれた臨済義玄《りんざいぎげん》禅師（?～八六七）生涯の記録である。なかでも、表題の語は、『臨済録』の核心となっている有名な一句として知られている。「どんな状況に於いても、環境に振り回されることなく、それぞれの状況のなかで主体性を失わなければ、正しく生きることができる、という意味である。

昭和初年頃、京都八幡の円福僧堂の老師であった泥龍窟《でいりゅうくつ》老師（井澤寛州《いざわかんじゅう》、一八九五～一九五四）はよく、色紙に蝸牛《かたつむり》の絵を画いて、

行く先に　わが家ありけり　かたつむり

と賛をされた。私は、円福僧堂に在錫《ざいしゃく》していた兄弟子からそれを見せてもらって、子供心にも面白く思ったものであった。なるほど蝸牛は、どこにいてもわが家を引きずって歩いている。後年、私がこれを真似て画いた色紙が、回りまわって岡山はさる酒造会社の、「かたつむり」という銘酒のラベルとなり、今も季節限定で売られている。そうなると、この私もどうやら、随処に主となって歩き回って

いていることになりかねない。恥ずかしい話ではあるが。

　さて、この「随処に主と作る」という語は、一種の危険性をはらんでいる。例えば第二次大戦中、戦争に協力した禅僧たちも、大いにこの語を振り回したらしいのだ。米国在住のブライアン・ヴィクトリア氏の著『戦時中の禅』（英文）は、そんな事実の告発である。確かに、この語はうっかりすると、泥棒をするときは、泥棒になり切れというように、場当たり的に、都合よく利用されかねない危険性がある。

　ところで、大学時代から僧堂時代に掛けて、慈悲深い指導を蒙った南禅寺派管長の柴山全慶老師は、この点の反省も含めて、私たちに何遍もなんべんも、次のように仰ったのである。
　お前さんたちよ、臨済は「随処に主と作れば、立処皆な真なり」と言っただけではない。その後に続けて、「境来たれども、回換《えかん》することを得ず」と書いてある。これが大事なのだ、と。戦争が起こったら戦争になり切ればよい、と言うのではない。戦争が起こったならば、この状況の中で、自分はどう対処すべきか、という主体性を失ってはならないと、臨済はちゃんと念を押しておられるのだ、と。
　禅僧といえども、「状況になり切る」ばかりが能ではない。「状況を見定めるしっかりした判断力がなければ、危険千万だ」と教えてくださったのである。

わが死こそ真実なれ

―平生顛倒《びょうじょうてんとう》、今日郎当《こんにちろうとう》、末期《まつご》の一句、雪上に霜を加《くわ》う―（無文元選の遺偈）

無文元選《むもんげんせん》禅師（一三二三～一三九〇）は、静岡県奥山にある臨済宗方広寺派の大本山方広寺を開いた日本の禅僧である。右はこの禅僧が死に臨んで書いた「遺偈《ゆいげ》」である。自分の人生は間違いだらけの毎日であった。そしてとうとうこのような老いぼれになってしまった。今、死を迎えるに当たって何を言うことがあろう、ということである。

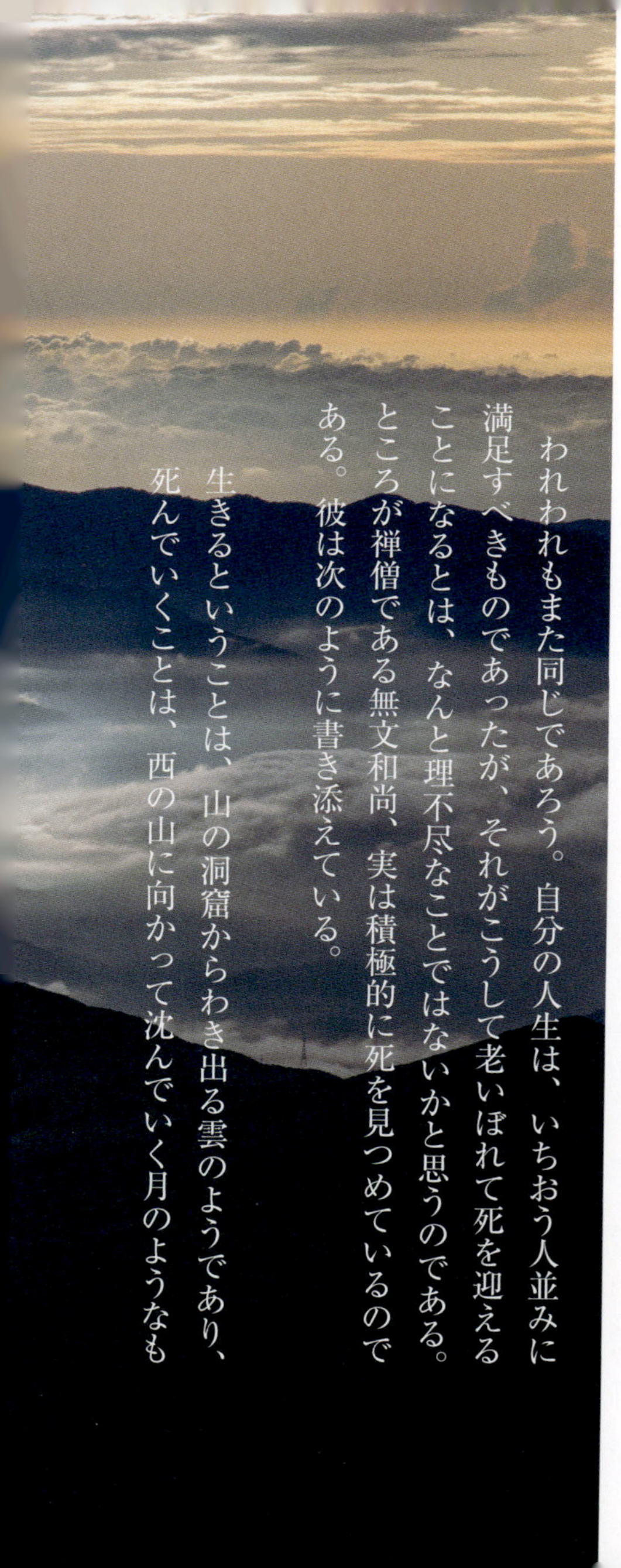

われわれもまた同じであろう。自分の人生は、いちおう人並みに満足すべきものであったが、それがこうして老いぼれて死を迎えることになるとは、なんと理不尽なことではないかと思うのである。ところが禅僧である無文和尚、実は積極的に死を見つめているのである。彼は次のように書き添えている。

生きるということは、山の洞窟からわき出る雲のようであり、死んでいくことは、西の山に向かって沈んでいく月のようなも

のだ。そんなありさまを思い描くだけでも、要《い》らんことだ。

自分の死を、今こそようやく当たり前の日が来た。今頃になって何を言おうと雪の上に霜が降ったように意味のないことだ、という無文和尚の死を迎える境地はどうであろう。

医師であった上田三四二《うえだみよじ》（一九二三～一九八九）に『死に臨む態度』という著作がある。その中にこんな一文があって、不思議に私の心に残った。皆さんはどう思われるだろうか。

痩せて蒼白い顔をした青年に、ふしぎに暗いかげはなかった。彼は同じ階の人たちと機嫌良く話をし、親しまれもしているようであった。（中略）彼の晴朗はどこから来ているのだろう。二十代の半ばという若さで、不治の予後はかくしようもなく目の前にあらわれているのに、かくも感情の平静が保てるのは何に由ってのことだろう。（中略）いっこうに死をおそれるふしのない若者を前にして、私はふしぎな人の心に突き当たった思いがした。彼は死に無関心なのだ、と私は思った。いや、彼の人柄のよさが外面をそのように保たせているまでで、内心の苦しみは覗けないだけだ、とも思った。

あとがき

九年前、『禅語に学ぶ—生き方。死に方。』というのを書いたら、思いがけなくも沢山の人に読んで頂き、今もなお注文が相次いでいるという。それで禅文化研究所から続編を書いたらどうか、と薦められてその気になり、前回に倣って九十の禅語を選び、この猛暑と闘いながら、冷房のない書斎で五十日かけて書き下ろした。題して「向上編」という。果たして前編に対して「向上」になっているかどうか。

前編で採り上げた禅語と重複しないよう気を付けたが、書き上げてから数語が前編と同じものであることに気づいた。しかし内容が全く別の趣旨なので、そのままにした。

そもそも禅語というものが極めてシンプルな内容のものであるうえ、その表現がまたストレートときているから、それを皆さんの生活と結びつけることじたい、なかなかに骨の折れる作業であった。禅語の選択には、入谷義高監修・古賀英彦編著『禅語辞典』（思文閣、一九九二）のお陰を蒙った。今は亡きお二人の学恩に、改めて敬意と感謝を捧げたい。

思えば四十五年前、H・デュモリン神父の慫慂《しょうよう》を受けて、ご自身の著（英文）『禅とキリスト教の邂逅』の翻訳を処女出版させて頂いてから、なんやかんやと書き続けているうちに、数えてみたら自著五十六冊にもなっていて、われながら一驚している次第。

しかし、齢《よわい》八十六ともなれば、わが拙き人生にも、そろそろ限界が来ているようにも思われ、さても本書が遺書にならねばよいが、という気持ちもある。とまれ本書が禅学ファンの皆さんにとって、いっそうの興を唆《そそのか》す機縁となり、前編に比して、一歩向上の書となれば、これぞ私の願うところである。

最後に、禅文化研究所の諸兄姉、および前編に続いて、趣味の素人写真を挟んでくれた愚息恵学に感謝しつつ擱筆する。

二〇一九年　秋彼岸

びわ湖東　興福禅寺　三余居

恵信　識す

西村惠信（にしむら・えしん）

1933年滋賀県に生まれる。花園大学仏教学部卒業後、南禅僧堂柴山全慶老師に参禅。1960年米国ペンデルヒル宗教研究所に留学し、キリスト教を研究。1970年京都大学大学院博士課程修了。文学博士。元花園大学学長、前禅文化研究所所長。2018年、（公財）仏教伝道協会より第52回仏教伝道文化賞を受賞。三余居と号す。著書に『己事究明の思想と方法』（法藏館）、『無門関』（岩波文庫）、『禅坊主の後ろ髪』、『無門関プロムナード』、『臨済録をめぐる断章』、『十牛図—もうひとつの読み方』、『禅語に学ぶ—生き方。死に方。』（以上、禅文化研究所）ほか多数。

禅語に学ぶ　生き方。死に方。　**向上編**

令和元年12月13日　初版第1刷発行

著　者　西村惠信
写　真　西村惠学
発　行　公益財団法人 禅文化研究所
〒604-8456　京都市中京区西ノ京壺ノ内町8-1
花園大学内
TEL 075-811-5189　info@zenbunka.or.jp
http://www.zenbunka.or.jp
印　刷　ヨシダ印刷株式会社

ISBN978-4-88182-318-7 C0095

姉妹書

禅語に学ぶ 生き方。死に方。

人生を悔いのないものにする参考書

西村 恵信 著

美しいカラーの風景写真とともに、禅の日常性に親しんでいただきたく作った一冊です。
凡人にとって程遠いものと思われている「禅」は、どの家の周りにも、茶の間にもいっぱい転がっているからです。
人間にとって共通の関心事である、“生き方や死に方”についての禅語を撰び、これらに日常生活にちなんだお話を添えました。一つのお話は２～３ページで完結しますので、気軽に楽しみつつも、深い教えや真理をそこに見い出していただければと思います。

定価 本体 1,400 円＋税
B6横判並製／224頁
ISBN978-4-88182-256-2